JOCHEN BIRKENMEIER

Luthers Land

LIEBLINGSPLÄTZE
zum Entdecken

JOCHEN BIRKENMEIER

Luthers Land

EINE ZEITREISE NACH
SACHSEN-ANHALT UND THÜRINGEN

KULTUR

GMEINER

Besuchen Sie uns im Internet:
www.gmeiner-verlag.de

Im Ehnried 5, 88605 Meßkirch
Telefon 07575/2095-0
info@gmeiner-verlag.de

2., aktualisierte Auflage 2016

Lektorat/Korrektorat: Claudia Reinert/Susanne Tachlinski
Satz: Julia Franze
Bildbearbeitung: Benjamin Arnold
Umschlaggestaltung: Alexander Somogyi/Benjamin Arnold
unter Verwendung eines Fotos von: © playmobil
Kartendesign: Mirjam Hecht; © The World of Maps (123vectormaps.com)
Druck: AZ Druck und Datentechnik GmbH, Kempten
Printed in Germany
ISBN 978-3-8392-1871-6

WILLKOMMEN IM »LUTHERLAND«! – EINE EINFÜHRUNG

VON DER WIEGE BIS ZUR BAHRE – LUTHERS LEBEN IN SECHS STATIONEN

WORT UND WIRKUNG – ORTE DER REFORMATION

WORT UND WAFFEN – ORTE DES KONFLIKTS

FREUND UND FEIND – DIE REFORMATION PERSÖNLICH

BLITZ UND BÄR – LEGENDÄRES UND KURIOSES

AUF LUTHERS SPUREN

Vorwort

Am 31. Oktober 1517 veröffentlichte Martin Luther seine 95 Thesen und setzte damit eine Entwicklung in Gang, deren Folgen bis heute spürbar sind. Schon Luther und seine Zeitgenossen erkannten die historische Dimension der Reformation – und man begann früh, Zeugnisse dieses Umbruchs zu sammeln und für die Nachwelt zu bewahren. 1617, ein Jahr vor Ausbruch des Dreißigjährigen Krieges, feierte die protestantische Welt 100 Jahre Reformation; ein Brauch, der in den folgenden Jahrhunderten beibehalten wurde. So steht auch das Jubiläumsjahr 2017 in dieser Tradition – und doch sollte es nach dem Willen aller Beteiligten etwas völlig anderes werden als die Feierlichkeiten der Vergangenheit: kein protestantisches Jubelfest, sondern eine ökumenische Veranstaltung mit katholischer Beteiligung; keine Selbstverherrlichung des Protestantismus, sondern eine selbstkritische Auseinandersetzung mit der Reformation und ihren Akteuren.

Die wichtigsten Erinnerungsorte der Reformation findet man auf dem Gebiet der heutigen Bundesländer Thüringen und Sachsen-Anhalt. Hier nahm die Reformation ihren Anfang, hier lebte und wirkte mit Martin Luther einer der wichtigsten Reformatoren, hier finden sich auch die bedeutendsten Zeugnisse der Reformationsgeschichte. Die beiden Bundesländer werden deshalb zu Recht als »Kernland« der Reformation bezeichnet – auch wenn man nicht vergessen sollte, dass die reformatorische Bewegung ihre Spuren auch in vielen anderen Teilen Europas hinterlassen hat.

Die folgenden sechs Kapitel nehmen Sie auf eine Reise durch die mitteldeutsche Schatzkammer der Reformation mit – und erklären Ihnen nebenbei, was ein kurzsichtiger Schwede, ein tätowierter Fisch, ein Nierenstein, eine Totenmaske und eine altersschwache Buche mit der ganzen Sache zu tun haben. Und wenn die drei Regionen und 30 Stätten hier als »Luthers Spuren« vorgestellt werden, dann bedeutet dies nicht unbedingt, dass es sich (nur) um spirituelle Schauplätze handelt; die Reformation war ein Ringen um den wahren Glauben, das auch profane, blutige und kuriose Seiten hatte. Deshalb führt Sie dieses Buch nicht nur zu jenen bekannten Stätten, die Sie in jedem Reiseführer finden, sondern auch zu solchen, die eher im Verborgenen liegen; an Orte der Ruhe, des Glaubens und der Schönheit, aber auch an Orte des Verrats, des Aufruhrs und des Todes. Die Auswahl beschränkt sich nicht auf das 16. Jahrhundert. In manchen Fällen bot es sich an, auch die Auswirkungen der Reformation zu beleuchten und dabei ins Gedächtnis zu rufen, dass Mitteldeutschland auch nach der Reformation ein außerordentlich fruchtbarer Kulturraum war – vom Hallischen Pietismus bis zur Weimarer Klassik. Generell liegt der Schwerpunkt nicht so sehr auf dem Altbekannten, sondern auf dem Außergewöhnlichen, und das Augenmerk gilt weniger den Platzhirschen als den Unbekannten. Aus diesem Grunde sind auch jene Orte und Einrichtungen mit besonderer Aufmerksamkeit bedacht worden, die sich in den letzten Jahren stark verändert haben – und die momentan noch zu Unrecht im toten Winkel der allgemeinen Aufmerksamkeit liegen.

Auch wenn diese »Spuren« alle wichtigen Reformationsstätten in Thüringen und Sachsen-Anhalt umfassen, sind die Auswahl der unbekannteren Schauplätze, die Gliederung und Darstellung ganz bewusst subjektiv gehalten. Ein Anspruch auf Vollständigkeit oder Ausgewogenheit besteht nicht – denn das wäre angesichts der kulturellen Vielfalt in Mitteldeutschland ziemlich vermessen. So ist dieses Buch auch als Einladung zu verstehen, die vielen Schätze zu entdecken, die sich im Umfeld der beschriebenen Stätten finden lassen. Auf geht's!

WILLKOMMEN IM LUTHERLAND – EINE EINFÜHRUNG

DIE LUTHERROSE IST SO POPULÄR, DASS SIE SOGAR GULLYDECKEL ZIERT

DER MARKTPLATZ VON HALLE (SAALE) MIT MARIENKIRCHE.
INFOS ZUM NAHE GELEGENEN MANSFELDER LAND ERTEILT DIE TOURIST-INFORMATION MANSFELDER LAND /// LUTHERSTADT EISLEBEN & STADT MANSFELD E. V. /// HALLESCHE STRASSE 4 – 6 /// 06295 LUTHERSTADT EISLEBEN /// 0 34 75 / 60 21 24 /// WWW.LUTHERSTAEDTE-EISLEBEN-MANSFELD.DE ///

LUTHERS HEIMAT

Das Mansfelder Land

1

Wer einen Menschen näher kennenlernen möchte, wer verstehen will, was ihn geprägt, beeinflusst und geformt hat, der ist gut beraten zu fragen, wo dieser Mensch aufgewachsen ist. Das gilt erst recht für historische Persönlichkeiten, über deren Lebensumstände und Prägungen während der Kindheit wir wenig wissen. Was Luther betrifft, steht zumindest eines fest: Seine Heimat war die Grafschaft Mansfeld mit den Städten Eisleben und Mansfeld in ihrem Zentrum. Hier, im Mansfelder Land, verbrachte er – abgesehen von Wittenberg – die längste Zeit seines Lebens, hier wohnte seine nähere Verwandtschaft, hier schmeckte ihm das Essen zeitlebens am besten.

Geprägt wurde die Gegend durch den Bergbau, dessen Geschichte und Traditionen erst mit dem Untergang der DDR zu einem abrupten Ende kamen. Geblieben ist eine Mentalität, die man mit »hart, aber herzlich« umschreiben könnte: Eine gewisse Dickköpfigkeit, der derb-direkte Umgangston und eine Freundlichkeit, die sich gerne in einer rauen Schale verbirgt, gelten als typisch für die Mansfelder. Wer sie kennengelernt hat, wird daher versucht sein, das manchmal irritierende Nebeneinander von Luthers Zart- und Derbheit, herzlicher Fröhlichkeit und polternder Grobheit auch in seiner mansfeldischen Herkunft zu suchen.

Das Mansfelder Land gehört heute – selbst unter Reformationskennern – zu den eher unbekannten Regionen. Das liegt nicht etwa daran, dass der Prophet im eigenen Lande nichts gälte – ganz im Gegenteil: An Luthers Sterbehaus in Eisleben wurde bereits kurz nach seinem Tode ein Hinweis auf den großen Sohn der Stadt angebracht, und das 1693 nach einem Brand wiederaufgebaute Geburtshaus kann sogar als erste Stätte durchgehen, die ganz dem Gedenken an den Reformator gewidmet war. Wenn es nach dem Willen der Mansfelder Grafen gegangen wäre, läge Luther heute auch nicht in der Schlosskirche von Wittenberg, sondern in der Eisleber Andreaskirche begraben. Aber der sächsische Kurfürst entschied anders, und so blieb dem Mansfelder Land der Aufstieg in den touristischen Olymp langfristig verwehrt – auch weil die zahlreichen Lutherstät-

SCHLOSS SEEBURG / MANSFELDER LAND

Schloss Seeburg am Süßen See, zwischen Halle und Eisleben. Luther machte hier auf seiner letzten Reise 1546 Station, bevor ihn an der »kalten Stelle« ein Herzinfarkt ereilte.

ten der Region den Besuchern im Vergleich zu anderen Lutherorten wenig zu bieten hatten. So war Luthers Heimat lange eine Reformations-Region zweiter Wahl, ein Reiseziel für Eingeweihte, das man gesehen haben konnte, aber nicht zwingend gesehen haben musste.

Mit dem beginnenden 21. Jahrhundert hat sich die Lage allerdings grundlegend geändert. Innerhalb weniger Jahre erlebten die Erinnerungsorte des Mansfelder Landes einen gewaltigen Modernisierungsschub: 2007 eröffnete Luthers renoviertes Geburtshaus, 2010 brachte die Internationale Bauausstellung (IBA) einen viel beachteten Lutherweg in die schrumpfende Stadt Eisleben, 2013 präsentierten sich Luthers Sterbehaus und Luthers Taufkirche in neuem Glanz, 2014 wurde Luthers Elternhaus in Mansfeld eingeweiht und bis 2017 wurden auch die Lutherkirchen St. Andreas und St. Annen in Eisleben für die Jubiläumsgäste verschönert. Während in Wittenberg noch allerorten gebaut wurde, konnte Luthers Heimat seinen Gästen schon allerhand Neues bieten – pittoreske Orte, preisgekrönte Architektur und zeitgemäße Ausstellungen auf hohem Niveau.

Die positiven Veränderungen der letzten Jahre haben sich jedoch noch längst nicht überall herumgesprochen. Selbst professionelle Reiseanbieter finden erst langsam zu den neuen Attraktionen und belassen es aus alter Gewohnheit meist bei einem kurzen Zwischenstopp. Damit ist das Mansfelder Land noch immer ein echter Geheimtipp für Besucher, die abseits des Touristenrummels Luthers Spuren nachspüren und Neues über den Reformator erfahren wollen. Wer sich von der vergleichsweise schwach ausgeprägten touristischen Infrastruktur nicht abschrecken lässt, kann viele Entdeckungen machen. Dafür sollte man sich allerdings auch ausreichend Zeit nehmen: Alleine Eisleben bietet inzwischen genügend Sehenswertes, um einen Tagesausflug auszufüllen.

Wer das Mansfelder Land besucht, sollte auch einen Abstecher nach Halle (Saale) einplanen. Obwohl historisch nicht zur Grafschaft Mansfeld gehörig, war Halle doch der Sitz Kurfürst Albrechts, dessen kostspielige Ämterhäufung den Ablasshandel befeuerte und damit den Anlass für Luthers 95 Thesen gab – die als Startschuss für die Reformation gelten. Wie das Mansfelder Land erschließt sich auch Halle den Besuchern manchmal erst auf den zweiten Blick. Die Vergangenheit als Chemiemetropole und heruntergekommene »Diva in Grau«, die schwierige Nähe zum benachbarten Leipzig und architektonische Extremfälle wie die Hochstraße im Herzen der Stadt lassen leicht übersehen, dass Halle nicht nur die Kulturhauptstadt Sachsen-Anhalts ist, sondern auch überragende Zeugnisse der Bau-, Kultur- und Reformationsgeschichte in einem vom Bombenkrieg weitgehend verschonten historischen Zentrum zu bieten hat.

Wie für Luther gilt also auch für seine Heimat: Man sollte sich von vorgefassten Meinungen, Klischees und bisweilen schroff erscheinenden Äußerlichkeiten nicht abhalten lassen – es gibt viel zu entdecken!

DIE WARTBURG, WAHRZEICHEN VON EISENACH. INFOS ZU EISENACH UND ERFURT GIBT ES HIER:

EISENACH-WARTBURGREGION TOURISTIK GMBH /// MARKT 24 /// 99817 EISENACH /// 0 36 91 / 7 92 30 /// WWW.EISENACH.INFO ///

ERFURT TOURISMUS UND MARKETING GMBH /// BENEDIKTSPLATZ 1 /// 99084 ERFURT /// 03 61 / 6 64 00 /// WWW.ERFURT-TOURISMUS.DE ///

DIE WIEGEN DER REFORMATION

Eisenach und Erfurt

2

Die Bundesländer Thüringen und Sachsen-Anhalt arbeiten bei der Vermarktung der Reformationsstätten eng zusammen und präsentierten sich auf dem amerikanischen Markt gemeinsam als »LutherCountry« – und doch bricht zwischen ihnen regelmäßig der Streit darüber aus, welches der beiden Länder sich eigentlich als »Kernland der Reformation« bezeichnen darf. Dieser Zwist ist ziemlich albern, nicht nur, weil die heutigen Bundesländer nur noch wenig gemein haben mit den Territorien der Reformationszeit, sondern auch, weil das Rangeln um den Ehrentitel eigentlich überflüssig ist. Denn beide Länder sind auf ihre Weise »Kernlande«: Mit Wittenberg darf Sachsen-Anhalt das geistliche Zentrum der Reformation klar für sich beanspruchen, während Thüringen sich unbestritten als »Wiege der Reformation« bezeichnen könnte – liegen mit Eisenach und Erfurt doch jene zwei Orte im Gebiet des Freistaats, in denen Luther überhaupt erst zum Reformator reifte.

Für Luther war Thüringen so etwas wie eine zweite Heimat: Anders als in Mansfeld, wo die häusliche Erziehung streng, die Schule geistlos, und das alltägliche Leben durch körperliche Züchtigungen geprägt war, erlebte Luther seine Jahre als Schüler in Eisenach und Student in Erfurt in einer deutlich freieren und geistig anregenderen Umgebung. Die Familie Luder (wie sie damals noch hieß) stammte aus Thüringen – seine Mutter aus Eisenach, sein Vater aus dem davon nicht weit entfernten Möhra. Um ihren Sohn Martin auf die Universität vorzubereiten, schickten sie ihn 1498 zurück in die Heimat: In Eisenach verbrachte Luther die wohl prägendste und auch glücklichste Zeit seiner Jugend – und war während dieser Zeit von zahlreichen Verwandten und Freunden der Familie umgeben. »Keine Stadt kennt mich besser«, sagte er deshalb später über die Schulzeit in seiner »lieben Stadt« Eisenach. Dass er in den Jahren 1521/22 auf der Eisenacher Wartburg das Neue Testament übersetzen sollte, war eher dem Zufall geschuldet. Aber sein Undercover-Aufenthalt rechtfertigt den Begriff »Wiege

Im »türmereichen« Erfurt reifte Martin Luther zum Reformator. Der einstige Wohlstand der Universitätsstadt lässt sich noch heute in der weitgehend unzerstörten Altstadt erkennen.

der Reformation« umso mehr, als die Lutherbibel und die anderen Schriften, die auf der Wartburg entstanden, enorm zur Verbreitung und Popularität der Reformation beitrugen.

Ähnliches gilt für Erfurt: Dort brach Luther sein Studium der Rechtswissenschaften ab, dort trat er ins Kloster ein und dort studierte er Theologie – das waren die ersten Schritte auf dem Weg zur Reformation. Luthers Glaubenskrise, seine intensive Beschäftigung mit der Heiligen Schrift und seine Vorlesungen über die Bibel an der Erfurter Universität bildeten die Grundlage seiner reformatorischen Theologie – die er über viele Jahre weiter entfaltete. Als Luther nach Wittenberg ging, war das theologische Fundament für die Reformation bereits gelegt.

Die Reformationsstätten der beiden Städte sind schon seit Jahrzehnten Besuchermagnete und wurden für 2017 noch einmal herausgeputzt: Im Vorfeld des Reformationsjubiläums wurden viele Erinnerungsorte saniert und manchmal auch baulich erweitert. Gegenüber den Stätten im Mansfelder Land und in Wittenberg haben die thüringischen dabei den Vorteil, dass sie in eine außergewöhnlich schöne, touristisch sehr gut erschlossene Landschaft eingebettet sind. In Eisenach lassen sich Natur- und Kulturerlebnisse in geradezu idealer Weise verbinden: Die Stadt ist als Tor zum Thüringer Wald nicht umsonst Teil einer Welterberegion, die die Wartburg als Weltkulturerbe mit dem Nationalpark Hainich als Weltnaturerbe verbindet. Erfurt hingegen, mit der Bahn von Eisenach in weniger als einer halben Stunde erreichbar, gilt als eine der schönsten Städte in den neuen Bundesländern. Die pittoreske Mischung aus mittelalterlicher und barocker Architektur, das reiche Kulturangebot und die Nähe zur Klassikerstadt Weimar machen die Landeshauptstadt auch für diejenigen interessant, die neben den Stätten der Reformation noch weitere Höhepunkte der mitteldeutschen Kulturlandschaft entdecken möchten.

Neben der hohen Dichte an kulturhistorischen Sehenswürdigkeiten – eine Folge der Kleinstaaterei vergangener Jahrhunderte – bietet Thüringen auch einen ganz profanen Vorteil für Reformationsreisende: Von allen Reformationsregionen sind die thüringischen Lutherorte wegen der guten Verkehrsanbindung wahrscheinlich am bequemsten zu erreichen. Diese günstige geografische Lage, die im Vergleich zu Sachsen-Anhalt bessere wirtschaftliche Situation und die in Thüringen über Generationen gewachsenen Erfahrungen im Fremdenverkehr spiegeln sich auch in einem gut ausgebauten Angebot wider. Eisenach und Erfurt sind traditionell auf Besucher eingestellt, der Umgangston ist tendenziell freundlicher als im preußisch geprägten Nachbarland und die ausgeprägte regionale Identität macht sich auch kulinarisch positiv bemerkbar. Die berühmten Thüringer Klöße kannte Luther allerdings noch nicht: Die Kartoffel wurde erst Jahrhunderte nach ihm in Thüringen heimisch.

DER MARKTPLATZ VON WITTENBERG.

MEHR ZUR STADT ERFÄHRT MAN HIER: TOURIST-INFORMATION /// SCHLOSSPLATZ 2 /// 06886 LUTHERSTADT WITTENBERG /// 0 34 91 / 49 86 10 /// WWW.LUTHERSTADT-WITTENBERG.DE ///

DAS PROTESTANTISCHE ROM

Wittenberg

3

Was Rom für Katholiken und Genf für Calvinisten war, ist und bleibt Wittenberg für Lutheraner aus aller Welt: ihr historisches und geistliches Zentrum. Hier wurde Weltgeschichte geschrieben. Die Stadt ist der Ort der 95 Thesen, die Wohn- und Wirkungsstätte Luthers, der Nabel der protestantischen Welt, der Standort einer der bedeutendsten deutschen Universitäten des 16. Jahrhunderts – auf die Shakespeare in kreativer Missachtung historischer Tatsachen sogar seinen Hamlet zum Studieren schickte. Müsste man sich für den Besuch einer einzigen Reformationsstätte entscheiden, so wäre Wittenberg ganz sicher unumstritten – es gibt einfach keinen anderen Ort, der so sehr für die Reformation steht wie diese kleine Stadt an der Elbe.

Wer Wittenberg besucht, braucht eigentlich keinen Stadtplan. Alles Sehenswerte reiht sich in der Collegienstraße aneinander wie auf einer Perlenschnur: das Lutherhaus, die Stadtkirche, der Marktplatz, das Melanchthonhaus, die Cranachhöfe und die Schlosskirche. Es empfiehlt sich, im östlichen Teil der Straße, am Schwarzen Kloster, dem heutigen Lutherhaus, zu beginnen; wer mit der Bahn anreist, gelangt nach einem kurzen Fußmarsch stadteinwärts automatisch dorthin. Am westlichen Ende der Straße liegt die Schlosskirche, in der Luther und Melanchthon begraben liegen, dazwischen das historische Zentrum der Stadt mit dem Marktplatz in der Mitte, auf dem ihre Standbilder unter neogotischen Baldachinen stehen. Die zahlreichen Tafeln an den Fassaden, die sich die gesamte Collegienstraße entlang ziehen und auf denen vermerkt ist, welche Reformatoren hier wann gewohnt und gewirkt haben, führen einem eindrucksvoll vor Augen, dass die Reformation nicht das Werk eines Einzelnen ist, sondern eine »Teamleistung« von internationaler Dimension und Bedeutung. Trotz ihrer beachtlichen Länge führt einem die Collegienstraße auch vor Augen, wie klein Wittenberg zu Luthers Zeit war, und wie dicht die großen Namen der Reformationsgeschichte beieinander wohnten. Der Kontrast zwischen der damaligen sächsischen Provinz und der Renaissance-Metropole Rom, zwischen

Martin Luther als Reformator und Bibelübersetzer. Schadows Statue auf dem Wittenberger Marktplatz sollte Vorbild für zahlreiche Lutherdenkmäler in ganz Deutschland werden.

der Welt Luthers und der des Papstes wird hier mehr als augenfällig. Und hier wird einem spätestens klar: Wer die Reformation verstehen will, muss Wittenberg gesehen haben.

Während das Mansfelder Land mit dem Auto gut, mit der Bahn dagegen eher schlecht zu erreichen ist, gilt für die Lutherstadt Wittenberg das Gegenteil: Der ICE-Halt und die Nähe zu Berlin machen Wittenberg zu einem idealen Tagesausflugsziel für Bahnreisende. Autofahrer müssen sich hingegen, wenn sie von der Autobahn A9 abgefahren sind, auf eine längere, wenig attraktive Anfahrt auf der B187 gefasst machen. Diese hilft aber zu verstehen, warum sich Luther und Melanchthon mit der Umgebung Wittenbergs nie so richtig anfreunden konnten. Gerade im Vergleich zu den pittoresken Landschaften, in denen Mansfeld und Eisenach gelegen sind, wirkt das Umfeld Wittenbergs recht nüchtern. Wer sein Auge weiden will, sollte nach seinem Besuch in Wittenberg ins Wörlitzer Gartenreich weiterfahren, ein Weltkulturerbe, das man vielleicht niemals geschaffen hätte, wenn die Gegend von Natur aus aufregender wäre: Denn was man nicht vorfand, musste man selbst machen.

Wenn Wittenberg ein Tagesausflugsziel ist, dann gilt das in doppelter Weise: Zum einen sollte man sich mindestens einen Tag Zeit nehmen, um die zahlreichen Sehenswürdigkeiten angemessen würdigen zu können. Zum anderen ist Wittenberg nur tagsüber attraktiv. Sobald Museen, Kirchen und Geschäfte schließen, herrscht im Regelfall gähnende Leere. Schmerzhaft macht sich dann bemerkbar, dass Wittenberg der offiziell zweite Sitz der *Martin-Luther-Universität Halle-Wittenberg* ist, die Studenten aber – als zuverlässige Garanten des Nachtlebens – überwiegend in Halle leben. Zwar ist Wittenberg seit der Wiedervereinigung Sitz bedeutender kirchlicher und kultureller Institutionen, jedoch findet man dort überwiegend kleinere Zweigstellen, während die mitarbeiterreichen Hauptsitze andernorts verblieben sind. Die Evangelische Kirche in Deutschland (EKD), deren Zentrale man an geschichtsträchtigem Orte in Wittenberg erwarten würde, ist nach der Wende gleich ganz in Hannover geblieben.

So ist dieser bedeutende Ort heute vor allem ein reformationsgeschichtliches Freilichtmuseum, eine Touristenstadt, die gerade im Zentrum etwas bisweilen Kulissenhaftes hat. Andererseits bedeutet die Konzentration auf den Tourismus auch, dass Besucher hier alles finden, was sie brauchen: Gastronomie, Geschäfte und Hotels sind ganz auf den Reformationsrummel eingestellt, nirgendwo findet man mehr Souvenirs zum Thema, nirgends ein breiteres geistliches Angebot, das sich ausdrücklich an Gäste richtet. Während das Mansfelder Land erst dabei ist, sich als Tourismusregion zu verstehen, und Eisenach wie Erfurt neben Luther- und Reformationsangeboten noch eine Reihe anderer Höhepunkte zu bieten haben, wuchert Wittenberg mit dem einzigen Pfund, das es besitzt. Und das durchaus mit Geschick!

VON DER WIEGE BIS ZUR BAHRE – LUTHERS LEBEN IN SECHS STATIONEN

eodem Harciniæ opido Anno Salutis M. D. XLVI . XIIJ ante
das Martias intra horam secundam et tertiam a media nocte .
ætatis LXIIJ.

MARTIN LUTHERS GEBURTSHAUS /// LUTHERSTRASSE 15 – 17 ///
06295 LUTHERSTADT EISLEBEN /// 0 34 75 / 7 14 78 14 ///
WWW.LUTHERSTAEDTE-EISLEBEN-MANSFELD.DE/ORTE-REGION/EISLEBEN-UNTERKUENFTE-URLAUB/SEHENSWUERDIGKEITEN-AUSFLUEGE/LUTHERS-GEBURTSHAUS/ ///

WO ALLES BEGANN

Das Geburtshaus in Eisleben

4

In unserem Kulturkreis spielt das Geburtsjahr eine besondere Rolle: Es wird nicht nur behördlich vermerkt, es bestimmt unser Alter und damit, wann wir eingeschult werden, wann wir Alkohol trinken, Auto fahren und wählen dürfen, wann wir Ü30-Partys besuchen und in Rente gehen. Zu Luthers Zeit war das noch ganz anders: Nur der Tag der Geburt war sicher zu bestimmen, da Kinder in jenen Tagen auf den Namen des Heiligen getauft wurden, dessen Gedenktag der Geburt am nächsten lag. Da Luther am Vorabend des 11. November geboren wurde, benannte man ihn nach dem heiligen Martin von Tours, dem an diesem Tag, dem Martinstag, gedacht wird. Das Geburtsjahr war schon schwieriger zu ermitteln: Luther selbst kannte es nicht. Seine Mutter konnte sich nicht mehr genau erinnern. Und so bestimmte Luthers Mitstreiter Philipp Melanchthon, der ein großer Anhänger der Astrologie war, anhand der Horoskope der infrage kommenden Jahre, dass Luther 1483 geboren sein musste. Luther hielt sich für älter und die Astrologie für Hokuspokus – aber mangels besserer Argumente setzte sich Melanchthons Festlegung durch. Sicher bekannt waren allein der Geburtsort Eisleben und das Haus, in dem die junge Familie damals wohnte. So ging Eisleben in die Geschichtsbücher ein, auch wenn die Familie Luder bereits wenige Monate später nach Mansfeld umzog.

Luthers Geburtshaus ist ein »halb-authentischer« Lutherort: Luther wurde tatsächlich an diesem Ort geboren, das originale Geburtshaus fiel jedoch einem Stadtbrand zum Opfer. Beim Wiederaufbau des Gebäudes im Jahre 1693 nutzte man die Gelegenheit, das Haus repräsentativ auszubauen und für offizielle Anlässe zu verwenden. Das heutige Erscheinungsbild mit der hohen Eingangshalle und dem *Schönen Saal* im Obergeschoss entspricht daher nicht mehr dem Zustand zu Luthers Zeit, als das Haus deutlich bescheidener gewesen sein dürfte. Weitere Veränderungen nahm man im 19. Jahrhundert vor: Zum 300. Reformationsjubiläum 1817 ließ der preußische König Friedrich Wilhelm III. eine Armenschule zu Luthers Gedenken hinter dem Geburtshaus errichten, die für Architekturliebhaber von be-

Das Zentrum Taufe *in Luthers Taufkirche ist offen für die Taufrituale aller christlichen Konfessionen – auch wenn manche Kritiker das neue Taufbecken als »Swimmingpool« verspotten*

sonderem Interesse ist – nicht nur, weil es sich um ein frühes Beispiel der preußischen Neogotik handelt, sondern auch, weil der Entwurf für die Fassade von Friedrich Schinkel persönlich überarbeitet wurde. Eine weitere beträchtliche Veränderung nahm 1864 Friedrich August Stüler vor, der das Eckgebäude neben dem Geburtshaus abreißen ließ, um ein pittoreskes Entrée mit Lutherbüste und Pergola anzulegen. Aus dem ordinären »Reihenhaus« wurde so ein repräsentatives Ensemble mit idyllischem Innenhof; lediglich das reich verzierte Portal in der Lutherstraße, das Besucher bisweilen übersehen, erinnert noch an die ursprüngliche Schauseite des Gebäudes.

In den Jahren 2006–2007 erhielt das Geburtshaus seine vorerst letzte und wahrscheinlich auch größte Erweiterung: Ein großer, aber zurückhaltend gestalteter neuer Museumsbau verbindet seitdem das historische Geburtshaus mit der Armenschule. Ihm gegenüber wurde ein ähnlich gestaltetes Verwaltungsgebäude errichtet, das die Touristeninformation der Stadt Eisleben beherbergt, und dessen vorgelagerte Fläche, der sogenannte Eislebenhof, als Startpunkt des 2010 eröffneten Lutherweges durch die Eisleber Innenstadt dient. Das neue

Museumsareal wurde 2014 – 2016 durch ein neues Depotgebäude (das Luther-Archiv) erweitert, das sich am anderen Ufer der *Bösen Sieben* befindet – des scheinbar kleinen Eisleber Flüsschens, das seinen Namen seinen sieben Zuflüssen und der hinterhältigen Eigenschaft verdankt, blitzschnell zu einem reißenden Strom anzuschwellen und die Stadt unter Wasser zu setzen.

Für Besucher ist das Geburtshaus-Ensemble der ideale Startpunkt, um Eisleben auf dem Lutherweg zu erkunden. Die nächstgelegene Station des Weges, noch in Sichtweite des Geburtshauses, ist St. Petri, Luthers Taufkirche. Sie wurde 2013 vollständig saniert und zum *Zentrum Taufe* ausgebaut, das konfessionsübergreifende Feierlichkeiten zur Taufe und Tauferinnerung ermöglichen soll. Die umstrittene, aber preisgekrönte Neugestaltung des Innenraums ist unbedingt sehenswert und lässt sich sehr gut mit einem Besuch des Geburtshauses verbinden.

Im Geburtshaus-Ensemble selbst ist die 2007 eröffnete Dauerausstellung *Von daher bin ich* zu sehen, die sich durch alle Gebäudeteile zieht. Da sich zu Luthers Geburt nur wenig sagen lässt, bietet sie im Wesentlichen eine Mischung aus Stadt-, Regional-, Bergbau- und Frömmigkeitsgeschichte des ausgehenden 15. Jahrhunderts, kombiniert mit biografischen Informationen zur Familie Luder/Luther. Das eigentliche Geburtshaus bietet eine nachgestellte spätmittelalterliche Wohnstube, den mit Reformatoren- und Kurfürstenporträts geschmückten *Schönen Saal* und Exponate zur Lutherverehrung im Mansfelder Land. Der mehrfach ausgezeichnete moderne Museumsbau, der Lutherhaus und Luther-Armenschule miteinander verbindet, gewährt zahlreiche Aus- und Einblicke in die umgebende Stadtlandschaft.

SCHLOSS MANSFELD ÜBERRAGT MANSFELD SEIT DEM 13. JAHRHUNDERT /// LUTHERS ELTERNHAUS /// LUTHERSTRASSE 26 /// 06343 MANSFELD-LUTHERSTADT /// 03 47 82 / 9 19 38 10 /// WWW.LUTHERSTAEDTE-EISLEBEN-MANSFELD.DE/ORTE-REGION/MANSFELD-UNTERKUENFTE-URLAUB/SEHENSWUERDIGKEITEN-MANSFELD-AUSFLUEGE/LUTHERS-ELTERNHAUS/ ///

»ICH BIN EIN MANSFELDISCH KIND«

Das Elternhaus in Mansfeld

5

Von den zahlreichen Orten, an denen Luther gelebt und gewirkt hat, war Mansfeld bis vor Kurzem fast völlig aus dem öffentlichen Bewusstsein verschwunden. Dabei hat Luther, abgesehen von Wittenberg, in keiner anderen Stadt so lange gelebt wie hier, und kaum eine andere hat ihn so nachhaltig geprägt. In Mansfeld hat Luther seine frühe Kindheit verbracht, in Mansfeld ist er zur Schule gegangen, in Mansfeld erhielt er seine erste religiöse Unterweisung. Und in Mansfeld wurde sein weiterer Lebensweg vorgezeichnet: Als Sohn eines aufstrebenden Bergbauunternehmers wuchs Luther in einer wirtschaftlich prosperierenden Region auf, erzogen in dem Bewusstsein, für Höheres bestimmt zu sein. Die Luders waren Aufsteiger, und ihr Sohn Martin sollte die bestmögliche Schulbildung erhalten, um Jura studieren und später eine herausgehobene Funktion in fürstlichen Diensten ausüben zu können.

Wenn sich Luther später zum Sohn eines »armen Hauers«, also eines einfachen Bergmanns, stilisierte, war das bestenfalls die halbe Wahrheit. Richtig ist, dass sich seine Eltern ihre Existenz in Mansfeld erst aufbauen mussten – aber sowohl seine Mutter als auch sein Vater stammten aus keineswegs armen Familien, und es gelang Hans Luder schnell, zu den Honoratioren der Stadt aufzusteigen. Archäologische Grabungen im Umfeld von Luthers Elternhaus zeigten dann auch, dass es die Familie Luder im Laufe der Zeit zu beträchtlichem Wohlstand gebracht hatte: Die viel beachtete Ausstellung *Fundsache Luther*, die 2003 in Halle an der Saale gezeigt wurde, belegte anhand der in der Abfallgrube des Elternhauses gefundenen Überreste, dass nicht nur der Tisch im Hause Luder üppig gedeckt war, sondern dass die Familie auch über allerlei hochwertige Waren verfügte. Zwar beschrieb Luther seine Erziehung in der Rückschau als hart, allerdings dürfte dies weniger mit fehlendem Wohlstand als mit dem rigorosen Arbeitsethos und der Selbstdisziplin zu tun haben, denen die Familie ihre hart erarbeitete soziale Stellung verdankte.

Der Erfolg der Ausstellung *Fundsache Luther* warf seinerzeit die Frage auf, ob die dort gezeigten Funde nicht dauerhaft

Luthers Eltern Hans und Margarethe Luther auf Gemälden von Lucas Cranach dem Älteren. Martin Luther klagte später über ihre strenge Erziehung, die allerdings typisch für die Zeit war.

präsentiert werden könnten. Zunächst fehlten dazu die geeigneten Räumlichkeiten. Aber die öffentliche Förderung des Reformationsjubiläums 2017 bot einige Jahre später die unerwartete Gelegenheit, diese Idee aufzugreifen und als Gemeinschaftsprojekt von Luther-Archäologie und historischer Reformationsforschung am Ort der Grabungen umzusetzen: So entstand in Luthers Heimatstadt ein neuer Museumskomplex, der nun nicht mehr nur das Gebäude des Elternhauses, sondern auch ein völlig neues Museum umfasst. Denn wer das Haus sucht, in dem Luther aufwuchs, muss sich zunächst auf eine kleine Enttäuschung gefasst machen: Von dem ehemaligen Vierseithof hat im Laufe der Jahrhunderte nur ein kleiner Teil überdauert, dessen äußeres Erscheinungsbild auf das 19. Jahrhundert zurückgeht. Das Gebäude ist heute nur noch ein Anhang zum 2014 eröffneten Museum *Luthers Elternhaus*, das auf der gegenüberliegenden Straßenseite errichtet wurde, und beherbergt einen Teilbereich der neuen Dauerausstellung.

Das neue Museum scheint die mansfeldische Gemütsart architektonisch einfangen zu wollen: außen eine düstere, abweisende und bunkerartige Fassade, innen ein großzügiger, freundlicher und heller Bau. Die grobkörnig wirkende Oberfläche der Außenhaut verdankt sie einem schwarzen Stoff, der dem Beton beigegeben wurde; er soll an Schlacke und damit an die reiche Bergbautradition Mansfelds erinnern. Das lichtere Innere erlaubt der neuen Dauerausstellung *Ich bin ein mansfeldisch Kind,* sich ohne denkmalpflegerische Auflagen zu entfalten und eine interessante Spannung zwischen modernen Materialien und historischen Objekten zu erzeugen. Inhaltlich bietet sie eine Kombination aus archäologischen und kulturhistorischen Exponaten, die unter anderem Luthers Kindheit in Mansfeld, die Rolle der Mansfelder Grafen und das kirchliche Leben im ausgehenden 15. Jahrhundert beleuchten. Dabei kombiniert die Ausstellung Elemente aus *Fundsache Luther* mit Themen des Eisleber Geburtshauses und versucht gestalterisch, die eher konservative Ausrichtung der Geburtshaus-Ausstellung mit dem innovativen Ansatz von Luthers Sterbehaus zu verbinden.

Wer den Weg nach Mansfeld gefunden hat, sollte neben dem Elternhaus unbedingt auch die schöne – und nahe gelegene – Kirche St. Georg besichtigen, in der Luther während seiner Kindheit die Messe besuchte. Sehenswert ist neben dem Schloss der Mansfelder Grafen auch die Altstadt von Mansfeld, die sich in ihrer Struktur seit Luthers Zeiten nicht sehr verändert hat. Bedingt durch die Strukturschwäche der Region, aber auch durch die Entscheidung der Stadtväter, ein Einkaufszentrum am Rande des historischen Zentrums zu bauen, ist die Innenstadt leider fast vollständig ausgestorben. In der Region hofft man, dass das neue Museum und das Reformationsjubiläum zu einer Wiederbelebung führen – die Stadt, ihre Bewohner und nicht zuletzt die Besucher hätten es verdient.

STIFTUNG LUTHERHAUS EISENACH /// LUTHERPLATZ 8 ///
99817 EISENACH /// 0 36 91 / 29 83 -0 ///
WWW.LUTHERHAUS-EISENACH.DE ///

EIN LEBEN ALS PARTEKENHENGST

Das Lutherhaus in Eisenach

6

Hatte Luther eine glückliche Kindheit? Wenn man nur die Mansfelder Zeit berücksichtigt, wird man diese Frage verneinen müssen. In den 1950er-Jahren, als die Psychoanalyse auf dem Höhepunkt ihres Ansehens stand, meinte man daraus allerhand krude Rückschlüsse ziehen zu können: Eine strenge Mutter, ein übermächtiger Vater, körperliche Züchtigungen, Aberglaube und religiöse Ängste – das waren die furchterregenden Zutaten für Luther, den Neurotiker und Psychopathen. Die Wahrheit ist – wie immer – vielschichtiger. Denn die wichtigsten Jahre seiner Jugend verbrachte Luther gar nicht im gestrengen Mansfeld, sondern in Eisenach.

Die Mansfelder Schulzeit hatte Luther in schlechter Erinnerung: stumpfes Auswendiglernen und Prügel für Vergehen, die man gar nicht begangen hatte. Auch Luthers Eltern wussten, dass die örtliche Schule allenfalls ausreichte, um Grundkenntnisse zu vermitteln. Da ihr Martin Karriere machen sollte, sah man sich nach einer guten Lateinschule um – denn Latein war Unterrichtssprache an den Universitäten, und so konnte man nur mit perfekten Sprachkenntnissen studieren. So ging Luther – nach einem Intermezzo in Magdeburg – 1498 nach Eisenach, die Geburtsstadt seiner Mutter. Da hier viele Verwandte seiner Eltern wohnten, kam Luther in eine vertraute Umgebung.

Wo genau Luther in der ersten Zeit unterkam, ist unklar. Damals wusste noch niemand, dass Luther einmal berühmt werden würde, und es machte sich deshalb niemand die Mühe, irgendetwas über seinen Aufenthalt für die Nachwelt festzuhalten. Wahrscheinlich wohnte er damals bei Verwandten, die sich um ihn kümmerten. Zu seinem Lebensunterhalt trug er als Kurrendesänger bei, als Mitglied eines Schülerchors: Damals war es üblich, dass diese Schülergruppen durch die Straßen zogen, um gegen eine Spende zu singen. Luther hat sich selbst später als »Partekenhengst« bezeichnet, ein damals üblicher Spottname für diese Form des Broterwerbs, wobei der Begriff »Parteken« eine Verballhornung des lateinischen »particula panis« (Brotstückchen) ist.

Mit einer Sammelbüchse wie dieser war auch Luther in Eisenach unterwegs. Die Kurrendeschüler zogen von Tür zu Tür und sangen gegen Spenden, um sich ihren Lebensunterhalt zu verdienen.

Luther soll so schön und andächtig gesungen haben, dass eine wohlhabende Dame ihn vor lauter Begeisterung in ihr Haus aufgenommen habe – das behauptet jedenfalls Luthers frühester Biograf Johann Mathesius. Unbestritten ist auf jeden Fall, dass Luther im Haushalt von Konrad (»Kunz«) Cotta und seiner Frau Ursula Unterkunft fand. Als Gegenleistung musste er sich um den jungen Sohn des Hauses kümmern und ihm Nachhilfe erteilen – was immerhin vermuten lässt, das Luther ein guter Schüler war. An dieses wohltätige Arrangement erinnert bis heute das Lutherhaus in Eisenach: Hier, in dessen *Lutherstuben*, soll er bis 1501 gelebt haben.

Wie vieles aus Luthers Frühzeit ist auch dies nicht ganz unumstritten: Die Familie Cotta war wohlhabend und besaß mehrere Häuser in Eisenach. Das Haus *An den Fleischbänken*, dem heutigen Lutherplatz, wurde erstmals 1817 unter Berufung auf uralte mündliche Überlieferungen als Luthers Quartier bezeichnet. Diese Identifizierung ist immer wieder bezweifelt worden, jedoch zeigten intensive Archivforschungen 1939, dass das heutige Lutherhaus in der fraglichen Zeit tatsächlich der Familie Cotta gehört hatte. Ein letzter Nachweis lässt sich nicht erbringen: Luther war damals viel zu unbedeutend, als dass man sich Notizen gemacht hätte. Unser Interesse für historische Gebäude war Luthers Zeitgenossen auch noch völlig fremd; die Faszination für Orte, an denen berühmte Menschen gewohnt, gearbeitet und geschlafen haben, stammt erst aus der Zeit des »Geniekults« am Ende des 18. Jahrhunderts.

Auch wenn ein letzter Beweis fehlt – einen besseren Ort zur Erinnerung an Luthers Schulzeit als das Haus der Cottas in Eisenach hätte man gar nicht finden können: Direkt schräg gegenüber am Lutherplatz erhebt sich das Residenzhaus, der letzte Rest des im Auftrag Kurfürst Friedrichs des Weisen errichteten Schlosses. Hier befand sich ursprünglich Luthers Schule. Wenige Meter im Norden steht die Georgenkirche, in der Luther Messdiener war. Wenige Meter im Süden kann man in dem Gebäude des heutigen Schlosshotels noch die Umrisse des alten Franziskanerklosters erkennen, dem Luthers Gastfamilie innig verbunden war – dass Luther später selbst Bettelmönch wurde, dürfte nicht von ungefähr kommen. Kurz: Hier hat man alle prägenden Einflüsse aus Luther Schulzeit auf engstem Raume beieinander.

Hinzu kommt, dass das Lutherhaus eines der ältesten und schönsten Fachwerkhäuser Thüringens ist. Neueste bauhistorische Untersuchungen zeigen, dass das Fachwerk des Hauses aus dem Jahr 1356 stammt. Der älteste Balken, mitten in den *Lutherstuben*, stammt sogar von 1269 – vermutlich von einem Vorgängerbau. Die *Lutherstuben* und die *Hohe Diele* im Erdgeschoss des Hauses vermitteln auch heute noch einen Eindruck von der Bau- und Wohnkultur des späten Mittelalters, die Luther als Schüler kennenlernte. An der Nordfassade kann man hingegen den reichen Renaissance-Schmuck des einstigen Bürgerhauses bewundern. Er lässt auch die bauliche Pracht der nahe gelegenen kurfürstlichen Residenz erahnen, die 1507 errichtet und Mitte des 18. Jahrhunderts abgerissen wurde.

Das Lutherhaus Eisenach gehört zu den Lutherstätten, die sich in den letzten Jahren am stärksten verändert und weiterentwickelt haben. Schon 1996 gehörte das Museum zu den Vorreitern unter den Luthermuseen, denn in der damaligen Dauerausstellung kamen erstmals Computer-Terminals und moderne Gestaltungselemente zum Einsatz; sogar das weit größere Lutherhaus in Wittenberg ließ sich davon für seine Neugestaltung inspirieren. Doch mit den Jahren geriet das Haus zunehmend ins Hintertreffen. Bauliche Mängel, mangelnde Modernisierung und schwindende Besucherzahlen zwangen schließlich zu einem kompletten Neuanfang.

So wurde 2013 die *Stiftung Lutherhaus Eisenach* gegründet, deren vordringlichste Aufgabe darin bestand, die Sanierung und Erweiterung des Hauses sowie die völlige Neugestaltung der Daueraus-

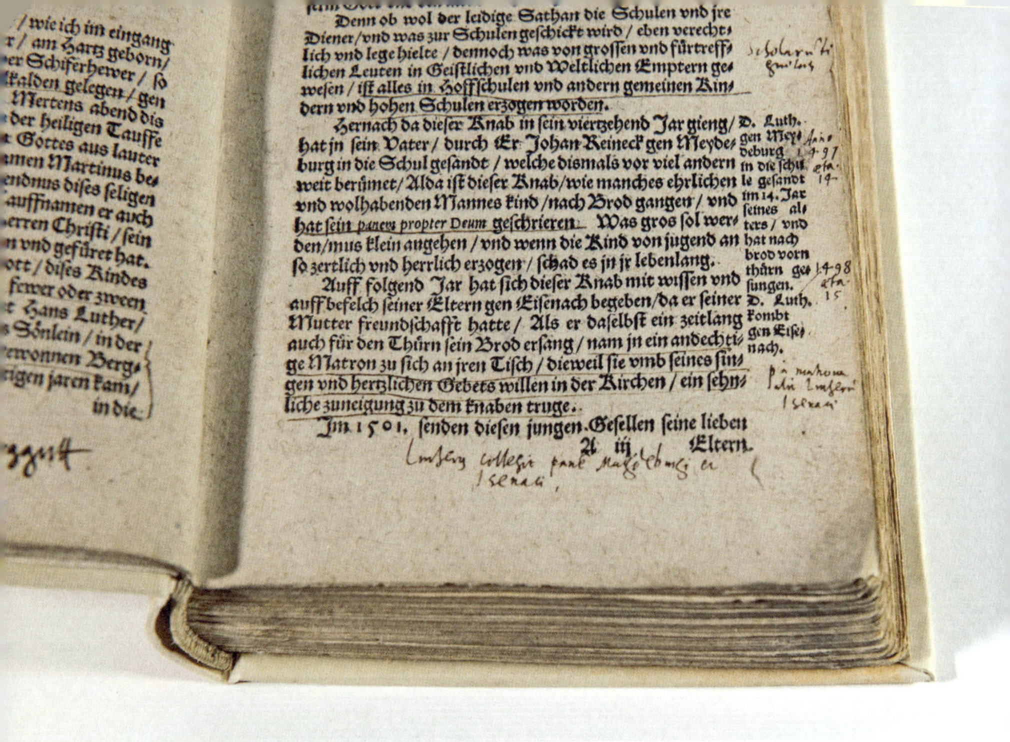
Denn ob wol der leidige Sathan die Schulen vnd jre
Diener/vnd was zur Schulen geschickt wird / eben verecht-
lich vnd lege hielte / dennoch was von grossen vnd fürtreff-
lichen Leuten in Geistlichen vnd Weltlichen Emptern ge-
wesen / ist alles in Hoffschulen vnd andern gemeinen Kin-
dern vnd hohen Schulen erzogen worden.
Hernach da dieser Knab in sein viertzehend Jar gieng/
hat jn sein Vater / durch Er Johan Reineck gen Meyde-
burg in die Schul gesandt / welche dismals vor viel andern
weit berümet/ Alda ist dieser Knab/wie manches ehrlichen
vnd wolhabenden Mannes kind /nach Brod gangen / vnd
hat sein panem propter Deum geschrieren. Was gros sol wer-
den/mus klein angehen / vnd wenn die Kind von jugend an
so zertlich vnd herrlich erzogen / schad es jn jr lebenlang.
Auff folgend Jar hat sich dieser Knab mit wissen vnd
auff befelch seiner Eltern gen Eisenach begeben/da er seiner
Mutter freundschafft hatte / Als er daselbst ein zeitlang
auch für den Thürn sein Brod ersang / nam jn ein andechti-
ge Matron zu sich an jren Tisch / dieweil sie vmb seines sin-
gen vnd hertzlichen Gebets willen in der Kirchen / ein sehn-
liche zuneigung zu dem knaben truge.
Im 1501. senden diesen jungen Gesellen seine lieben
A iij Eltern.

D. Luth. gen Meydeburg in die schul gesandt im 14. Jar seines alters / vnd hat nach brod vorn thürn gesungen.

D. Luth. kombt gen Eisenach.

Johann Mathesius schrieb die erste Lutherbiografie und erwähnte darin auch Luthers Zeit in Eisenach

stellung in Angriff zu nehmen. Nach zweijähriger Bauzeit wurde das Haus schließlich wiedereröffnet – und die Besucher für die Wartezeit mit einem generalüberholten Lutherort entschädigt: Das historische Gebäude wurde vollständig saniert und ist durch ein neues Eingangsgebäude erstmals barrierefrei zugänglich. Da das Museum das Erdgeschoss des benachbarten Wohn- und Geschäftshauses nutzen kann, verfügt das Lutherhaus – das vorher nicht einmal eine Garderobe besessen hatte – nun außerdem über genügend Raum für Empfang, Museumsshop, Museumspädagogik, Toiletten und Sonderausstellungen. Durch den neuen Haupteingang gelangt man jetzt auch direkt zum idyllischen Innenhof, dessen Galerie erstmals für Besucher vollständig zugänglich ist.

Im Inneren des Gebäudes präsentiert sich die preisgekrönte Dauerausstellung *Luther und die Bibel*, die sich vor allem mit Luthers berühmter Bibelübersetzung beschäftigt, aber auch mit der Wirkung der Lutherbibel auf Musik, Sprache und Literatur. Wer als Eisenach-Besucher die Lutherstube auf der Wartburg gesehen hat, erfährt hier mehr über die Hintergründe: Warum, wie und mit wem übersetzte Luther die Bibel? Dabei kann man noch zwei weitere Lutherstuben entdecken – die das Herzstück des historischen Lutherhauses bilden.

Die neue Ausstellung zeigt weit mehr als die alte – darunter zwei Cranach-Gemälde, archäologische Funde aus dem Lutherhaus (aus der Zeit, als Luther hier wohnte) und das Kirchenbuch mit dem Taufeintrag von Johann Sebastian Bach. Und auch schwierige Themen werden nicht ausgeblendet: So zeigt man zum Stichwort »Eingriffe in die Bibel« auch eine »entjudete« Bibel, die in der NS-Zeit vom Eisenacher »Entjudungsinstitut« im Auftrag zahlreicher evangelischer Landeskirchen herausgegeben wurde. Dass sich diese nationalsozialistischen »Deutschen Christen« auf Luthers judenfeindliche Schriften beriefen, bleibt dabei nicht unerwähnt.

Es lohnt sich also, sich nicht mit der hübschen Fassade des Lutherhauses zufriedenzugeben: Hinter dem wenig aufregenden Titel *Luther und die Bibel* verbirgt sich eine sehr moderne und überraschende Schau – facettenreich und gestalterisch spektakulär inszeniert. Zahlreiche multimediale Elemente – darunter eine Ablassmaschine – ergänzen die historischen Objekte. Da viele Themen in der Dauerausstellung nur angerissen werden können, zeigt das Lutherhaus regelmäßig neue Sonderausstellungen, um die Dauerausstellung zu ergänzen, zu vertiefen und zu aktualisieren. Wem der Sinn eher nach Erlebnissen steht, kann im Lutherhaus Buchdruck, Kalligrafie oder »Unterricht wie zu Luthers Zeiten« buchen – auch als Erwachsener.

EVANGELISCHES AUGUSTINERKLOSTER ZU ERFURT ///
AUGUSTINERSTRASSE 10 /// 99084 ERFURT /// 03 61 / 5 76 60 -0 ///
WWW.AUGUSTINERKLOSTER.DE ///

EINE KARRIERE UNTER BRÜDERN

Das Augustinerkloster in Erfurt

7

Luther und der Papst – das galt über Jahrhunderte als ein Duell zwischen Todfeinden wie Batman und Joker, Holmes und Moriarty oder Bond und Goldfinger. Wobei sich Lutheraner und Katholiken darüber stritten, wer der Schurke war. Das ist heute glücklicherweise anders, und man begegnet sich sogar auf höchster Ebene. Als Papst Benedikt XVI. bei seinem Deutschlandbesuch 2011 einen Ort suchte, um sich mit Vertretern der evangelischen Kirche zu treffen, fiel die Wahl auf einen ganz besonderen Lutherort mit katholischen Wurzeln: das Augustinerkloster in Erfurt.

Im Jahr 1505 trat Martin Luther hier in den Orden der Augustinereremiten ein. Das Erfurter Kloster dieser Bettelmönche gehörte damals zur »strengen Observanz«, also zu einem besonders reformorientierten Zweig des Ordens. Auch in wissenschaftlicher Hinsicht war man hier sehr modern: Der Humanismus hatte das Kloster geprägt, dessen Ziel es war, »zu den Quellen« zurückzukehren – und das hieß für Theologen dieser Zeit: zurück zu dem, was tatsächlich in der Bibel stand. Luther bekam hier zum ersten Mal in seinem Leben Zugang zu einer Bibel, die er bis dahin – wie fast alle seine Zeitgenossen – nur in Auszügen kennengelernt hatte. Damals galt das Bibellesen noch als gefährlich; man fürchtete, dass Laien die Bibel falsch verstehen und allerlei Irrlehren in die Welt setzen könnten. Diese Auffassung sollte sich erst mit der Reformation ändern. Und hier im Augustinerkloster wurden die Weichen für dieses welthistorische Ereignis gestellt: die Lehren des heiligen Augustinus, die herausgehobene Stellung der Bibel, die wissenschaftlichen Methoden des Humanismus und mit Johann von Staupitz ein Beichtvater, der Luther wichtige Einsichten vermitteln sollte: »Er hat die Lehre angefangen«, sagte Luther später über ihn und meinte damit, dass von Staupitz ihn auf die richtige Spur gebracht hatte.

Entgegen allen Klischees über verfressene, faule und versoffene Mönche, über den Verfall der Sitten und die abnormen Abgründe des Aberglaubens hat Luther das Klosterleben von seiner damals besten Seite kennengelernt. Luther selbst war ein 150-prozentiger Mönch,

Im ehemaligen Kloster der Augustiner-Eremiten in Erfurt kann man noch heute Luthers alte Klosterzelle sehen. Gleich um die Ecke befindet sich die Georgenburse, Luthers altes Studentenwohnheim.

eifrig und erfolgreich – entsprechend steil war seine Karriere innerhalb des Ordens. Es gab mehrere und andere Gründe dafür, dass er sich später so heftig gegen das Klosterleben gewandt hat: Denn gerade weil der Orden vorbildlich, seine eigene Frömmigkeit mustergültig, seine Leistungen außergewöhnlich waren, geriet Luther in die Krise. Was waren diese kümmerlichen menschlichen Leistungen vor der unermesslichen Allmacht und Größe Gottes wert? Konnte man Gottes strenge Gebote überhaupt vollständig erfüllen? Konnte man sicher sein, nicht doch für immer und ewig verdammt zu werden? Aus diesen Zweifeln, die auch Staupitz nicht ausräumen konnte, entwickelte sich Luthers reformatorische Lehre – und hier im Augustinerkloster liegen ihre Wurzeln.

In Erfurt hat Luther nur einen Teil seines Klosterlebens verbracht. Der andere, theologisch noch bedeutendere Teil dieser Lebensphase fand seit 1511 im Schwarzen Kloster in Wittenberg statt, das heute als Lutherhaus Wittenberg bekannt ist. Trotzdem ist das Augustinerkloster in Erfurt wesentlich besser geeignet, Luthers Leben als Mönch anschaulich werden zu lassen als das Wittenberger Kloster, das wir heute viel eher mit Luthers Leben nach seiner Hochzeit mit Katharina von Bora in Verbindung bringen. In Erfurt ist die klösterliche Atmosphäre noch spürbar; man erlebt die geschlossene kleine Welt mitten in der Stadt, sieht die Zellen der Mönche, staunt über die Bibliothek, entdeckt die romantischen Winkel des Geländes und verweilt in der Klosterkirche. In ihrer strengen Schlichtheit kann man noch Luthers ehrfurchtsvollen Schrecken vor der göttlichen Allmacht spüren – und wer sich die prachtvollen, inzwischen restaurierten mittelalterlichen Kirchenfenster anschaut, entdeckt auch die Rose, die Luther später als Lutherrose zu seinem persönlichen Markenzeichen gemacht hat.

Das Augustinerkloster ist heute vor allem ein Tagungs- und Beherbergungsbetrieb. Wer die Atmosphäre dieses Lutherorts erleben will, kann das nicht nur bei einer Führung tun, sondern auch, indem er oder sie hier übernachtet. Wer sich an fehlenden Parkplätzen nicht stört, erfährt dann, was Kloster schon zu Luthers Zeit hieß: mitten in der Stadt und doch an einem ruhigen Ort, von weltlichem Trubel umgeben und doch in einer geistlichen Umgebung zu sein. Zur Freude der Übernachtungsgäste hat man jedoch darauf verzichtet, die asketischen Lebensbedingungen der Augustinereremiten wiederherzustellen.

Das Gelände und die Kirche des Klosters sind öffentlich zugänglich. Wer das eigentliche Kloster, die Bibliothek und die Mönchszellen sehen möchte, kann das im Rahmen einer der regelmäßig angebotenen Führungen tun. Es lohnt sich zudem, vor einem Besuch das Programm des Klosters zu studieren, denn hier finden regelmäßig öffentliche Vorträge, Veranstaltungen, Konzerte und Gottesdienste statt. Für Reformationsinteressierte ist dieser Lutherort auch aus einem anderen Grund ideal: Von hier aus lässt sich Erfurt wunderbar auf dem Lutherweg erkunden, der quer durch die Stadt führt.

LUTHERHAUS WITTENBERG /// COLLEGIENSTRASSE 54 ///
06886 LUTHERSTADT WITTENBERG /// 0 34 91 / 4 20 31 18 ///
WWW.MARTINLUTHER.DE ///

ZU TISCH BEIM REFORMATOR

Das Lutherhaus in Wittenberg

8

Wenn Wittenberg das Zentrum der Reformation ist, dann ist das Lutherhaus das Zentrum Wittenbergs – jedenfalls, was die Bedeutung für die Reformation angeht. Denn es gibt wohl keinen Lutherort, der so eng mit Luthers Leben und Wirken verbunden ist wie das ehemalige Schwarze Kloster, das heute als Lutherhaus bekannt ist. Hier hat Luther die längste Zeit seines Lebens verbracht, hier hat er gewohnt, gelehrt, geschrieben und gelitten. Dabei war er nicht unbedingt gern nach Wittenberg gekommen: Nach seinem Empfinden lag die Stadt »an der Grenze der Zivilisation«. Sie war im Gegensatz zu Erfurt eine nur mäßig interessante, ländlich geprägte Kleinstadt und besaß 1508, als Luther hierher berufen wurde, erst seit sechs Jahren eine Universität. Richtig warm wurde Luther mit Wittenberg auch später nicht; gegen Ende seines Lebens spielte er sogar mit dem Gedanken, die ungeliebte Stadt mit ihren schwer erziehbaren Einwohnern endgültig zu verlassen.

Da Luther trotz manchen Ärgers in Wittenberg blieb, gilt das heutige Lutherhaus als das eigentliche Heim des Reformators – auch wenn Luther, seine Frau Katharina von Bora und die gemeinsamen Kinder in einer Umgebung lebten, die mit unseren modernen Vorstellungen von Familien- und Privatleben wenig zu tun haben. Zu Luthers Zeit umfasste der Haushalt mehr Menschen als heute, insbesondere im Schwarzen Kloster, das zahlreiche Kostgänger beherbergte: Kinder und Kollegen, Knechte und Mägde, Studenten und Gäste. Mit Luthers wachsender Berühmtheit nahm das Ganze den Umfang eines kleinen mittelständischen Betriebs an, der nur durch das organisatorische und finanzielle Geschick Katharinas am Laufen gehalten wurde. Völlig zu Recht findet man deshalb im Hofe des Lutherhauses ein Denkmal zu ihren Ehren.

Etwas Besonderes war das Schwarze Kloster keineswegs. Um ihren Lebensunterhalt zu bestreiten, betrieben so manche Dozenten Wohnheime für Studenten. Luther hatte in Erfurt selbst in einer solchen »Burse« gewohnt (Seite 157–159). Das Wittenberger Klostergebäude bot sich für diesen Zweck geradezu an – nicht nur, weil das

Luther wohnte mit seiner Familie im ehemaligen Augustinerkloster am Rande der Wittenberger Altstadt. Es beherbergt heute das größte reformationsgeschichtliche Museum Europas.

riesige Gebäude ansonsten nur schwer zu erhalten gewesen wäre, sondern auch, weil Studenten aus ganz Europa nach Wittenberg strömten, um bei dem berühmten Professor Luther zu studieren. Und so kamen hier zehn bis 20 Studenten unter, die teilweise auch im Hause verköstigt wurden. Wir verdanken diesem Arrangement die berühmten *Tischreden*: Im Refektorium, dem alten Speisesaal des Klosters, aßen alle Mitglieder des Hauses gemeinsam mit den Gästen des Reformators – mit vielen Tischgenossen eine stattliche Runde. Da Luther schon zu Lebzeiten ein berühmter Mann war, pflegten die Studenten seine Worte mitzuschreiben und zu sammeln. Johannes Aurifaber veröffentlichte 1566 aus diesen Notizen und Protokollen als Erster eine Tischreden-Sammlung, die sofort ein Bestseller wurde.

Luthers Worte, die in der Gesamtausgabe seiner Schriften immerhin sechs dicke Bände ausmachen, zählen bis heute zu den beliebtesten und am häufigsten gekauften Texten des Reformators. Dafür gibt es gute Gründe: Die Gespräche im Hause Luther drehten sich nicht nur um theologisch Tiefsinniges, sondern auch um Humorvolles, Deftiges und Alltägliches. Wer wissen will, was Luther zu diesem oder jenem Thema gedacht und gesagt hat, wird in den Tischreden fündig – und nicht wenige Details aus Luthers Leben sind der Nachwelt erst durch die Gespräche bei Tisch bekannt. Bis heute fasziniert die Bandbreite der Themen, außerdem Luthers pointierte Formulierungen, aber auch die zahlreichen Einblicke in das Privatleben und die persönliche Gedankenwelt des Reformators. Bei Tisch wurde vieles spontan und nicht selten ohne Beschönigung formuliert; dadurch entsteht ein recht ungefiltertes Bild, das zu Luthers Popularität erheblich beigetragen hat: Denn hier wird nicht nur der Theologe und Reformator lebendig, sondern auch Luther als Mensch mit all seinen Ecken und Kanten.

Die Tischreden sollten dennoch mit Vorsicht genossen werden: Sie sind keine Tonbandabschriften, sondern Äußerungen, die aus Notizen und manchmal auch aus der Erinnerung nachträglich formuliert wurden. Bearbeiter wie Aurifaber haben Luthers Worte ausgewählt, sortiert und zu thematischen Gruppen geordnet. Ob wirklich alles genau so gesagt wurde, ob Aussagen aus dem Zusammenhang gerissen wurden, und wie viel die Bearbeiter nachträglich noch ins Reine formuliert haben, bleibt Stoff für Diskussionen. Man darf auch nicht vergessen, dass Luther durchaus wusste, dass seine Äußerungen gesammelt wurden. Die Tischreden waren deshalb so etwas wie eine Podiumsdiskussion, die einen festen Ablauf hatte und bei der die Zuhörer etwas lernen sollten. Und dennoch gibt es genügend Aussagen, die ein Pressesprecher heute nicht mehr durchgehen lassen würde. Luthers Gegner haben sich diese Fundstücke nicht entgehen lassen – und dennoch stammen die meisten derben Sprüche, die wir Luther zuschreiben, gar nicht von Luther. »Warum rülpset und furzet ihr nicht?« hat er ebenso

Nonne, Mutter, Managerin: Luthers Ehefrau Katharina von Bora

wenig von sich gegeben wie den beliebten Spruch über das Apfelbäumchen (der erst im 20. Jahrhundert erfunden wurde).

Das Wittenberger Lutherhaus ist heute das größte und bedeutendste Reformationsmuseum der Welt. Es war die erste Lutherstätte, die eine wirklich moderne Ausstellung zu Luthers Leben zu bieten hatte: Die 2002 eröffnete Dauerausstellung bot nicht nur viele herausragende Zeugnisse der Reformationsgeschichte, sondern präsentierte sie auch in zeitgemäßer Form. Bemerkenswert und vorbildlich war die strikte Trennung zwischen Luther und Lutherrezeption – also dem, was wirklich aus Luthers Zeit stammt, und den Vorstellungen, die man sich über die Jahrhunderte von Luthers Zeit gemacht hatte. So bietet das Wittenberger Lutherhaus faktisch zwei zusammenhängende, aber eigenständige und räumlich getrennte Ausstellungen: einen biografischen Rundgang, der Luthers Leben anhand von originalen Zeugnissen des 16. Jahrhunderts erzählt, und einen Rundgang zu Luthers Wirkungsgeschichte. Das ist durchaus sinnvoll – denn die meisten Bilder und Vorstellungen, die wir heute von Luther haben, stammen aus der Zeit nach Luthers Tod. Der trotzige Luther, der dem Kaiser in Worms kühn die Stirn bot? Der trinkfeste Luther, der immer einen derben Spruch auf den Lippen hatte? Der romantische Luther, der im Kreise der Lieben unter dem Weihnachtsbaum die Laute zupfte? All das sind – das zeigen die Ausstellungen – Konstrukte späterer Jahrhunderte.

Zum Reformationsjubiläum veränderte sich das Lutherhaus Wittenberg noch einmal grundlegend: Das Museum nutzt zum ersten Mal das *Augusteum*, das große ehemalige Universitätsgebäude, das direkt an der Collegienstraße liegt und bislang nicht zum Museumskomplex gehörte. Hier ist nicht nur Platz für die Verwaltung, sondern auch für eine ausgedehnte Sonderausstellungsfläche im Erdgeschoss. Um dieses neue Gebäude mit dem alten Museum im Kloster zu verbinden, errichtete die *Stiftung Luthergedenkstätten in Sachsen-Anhalt* ein neues Empfangsgebäude im Osten der historischen Anlage. In den 1930er-Jahren war hier bereits ein Gebäude vorgesehen, in dem das *Evangelische Pfarrhausarchiv* unterkommen sollte – doch dann begann der Krieg: Das Pfarrhausarchiv gelangte nach Eisenach, wo es den Grundstock für die Sammlungen des Lutherhauses Eisenach (Seite 37–41) bildete. Und in Wittenberg? Blieb eine karge Mauer, die bislang den Innenhof von einem Parkplatz trennte.

Das neue Empfangsgebäude bildet nun die Klammer zwischen dem *Augusteum* im Norden und dem Schwarzen Kloster im Süden. Das erlaubt es den Besuchern, trockenen Fußes zwischen den beiden Flügeln zu wandeln, und es zwang die Museumsbetreiber dazu, die Dauerausstellung teilweise neu zu gestalten – denn der Zugang zur Ausstellung liegt nun am anderen Ende des Klosters. So kommen die Besucher im Jubiläumsjahr 2017 in den Genuss einer renovierten Ausstellung, und sie haben zugleich Gelegenheit, sich angesichts des neuen Eingangsgebäudes an der immerwährenden Diskussion über zeitgenössische Architektur zu beteiligen. Denn wenn es etwas gibt, das die Wittenberger Gemüter zuverlässig erhitzt, dann ist es die Auseinandersetzung zwischen den Vertretern einer »modernen Baukultur« und den Bewahrern des historischen Bestandes. Aber entscheiden Sie selbst!

LUTHERS STERBEHAUS /// ANDREASKIRCHPLATZ 7 ///
06295 LUTHERSTADT EISLEBEN /// 0 34 75 / 7 14 78 40 ///
WWW.MARTINLUTHER.DE ///

DIE GESCHICHTE EINER VERWECHSLUNG

Das Sterbehaus in Eisleben

9

Eisleben verdankt seinen Status als Lutherstadt zwei biografischen Ereignissen, die eher zufällig hier stattfanden: Luthers Geburt und Luthers Tod. Luther war, als er seinen Tod nahen fühlte, selbst verblüfft, dass ihn die Umstände – oder Gottes Wille? – in die Stadt seiner Geburt geführt hatten. Noch verblüffter wäre er allerdings gewesen, wenn er gewusst hätte, dass man seinem Sterben einmal ein eigenes Museum widmen würde – und zwar in einem Sterbehaus, in dem er gar nicht starb.

Wie konnte es dazu kommen? Die Antwort liegt in einer seltsamen Verkettung von Zufällen: Zunächst war Luthers Sterbehaus allgemein bekannt. Es handelte sich um das Haus des Eisleber Stadtschreibers Johann Albrecht, der Luther und seinen Begleitern Anfang 1546 Unterkunft geboten und sein Haus auch für die Verhandlungen zwischen den Mansfelder Grafen zur Verfügung gestellt hatte. Luther schlichtete hier den seit Langem schwelenden Streit zwischen den Verwandten und verstarb, kurz nach erzielter Einigung, in der Nacht des 18. Februar 1546 an einem Herzinfarkt. Zur Erinnerung an dieses Ereignis ließ Hauswirt Johann Albrecht eine Gedenktafel an seinem Haus anbringen – was das Sterbehaus zur ersten Luthergedenkstätte der Welt machte. Interessierten zeigte Albrecht zudem Luthers Sterbebett und den Becher, aus dem Luther zuletzt getrunken hatte – was das Sterbehaus zugleich auch zum ersten Luthermuseum der Welt machte.

Albrechts Erinnerungsstücke sorgten in den folgenden Jahren für einen stetig wachsenden Besucherstrom. Nach Albrechts Tod setzten die Mansfelder Grafen einen Diener ein, der den Gästen nicht nur die beiden Relikte aus Luthers Sterbenacht zeigte, sondern auch die Umstände des Todes erläuterte. Dabei achtete man streng darauf, dass Bett und Becher nicht in »papistischer« Weise als Reliquien eines Heiligen präsentiert wurden, sondern nur als historische Hinterlassenschaften – schließlich hatte Luther zu Lebzeiten die Reliquienverehrung ganz abgelehnt und der Heiligenverehrung enge Grenzen gesetzt.

Das Denkmal auf dem Eisleber Marktplatz zeigt Luther als trotzigen Reformator. Im Hintergrund erkennt man den Turm der Andreaskirche, in der er seine letzte Predigt hielt.

Die Besucher jedoch zeigten sich für diese theologischen Feinheiten gänzlich unempfänglich: Es wurde üblich, sich kleine Holzsplitter aus dem Sterbebett zu schneiden und sie in Amuletten mit sich herumzutragen. Die Sterbebett-Späne, hieß es im Volksglauben, hälfen hervorragend bei der Linderung von Zahnschmerzen. Der Reformator Martin Luther wandelte sich so im allgemeinen Bewusstsein langsam zum »heiligen Martin« – und bis heute wird der Martinstag in Mitteldeutschland eher mit Martin Luther als mit dem heiligen Martin von Tours in Verbindung gebracht.

Die lutherische Geistlichkeit verfolgte diese Form volkstümlicher Heiligenverehrung lange mit Argwohn. Im Jahr 1707 platzte ihr endgültig der Kragen: Um weiteren Missbrauch zu verhindern, wurden Sterbebett und Becher einfach verbrannt. Dem Sterbehaus kamen damit seine Attraktionen abhanden; der Abriss und Neubau des Hauses Anfang des 18. Jahrhunderts taten ihr Übriges – das Sterbehaus geriet langsam in Vergessenheit. Als der Stadtchronist Eusebius Christian Francke 1726 Luthers Sterben beschreiben wollte, gab es bereits niemanden mehr, der sich an den Standort des Hauses erinnern konnte. Francke musste recherchieren und orientierte sich dabei an den Berichten über Luthers Tod. Darin hieß es, dass Luther in »Dr. Drachstedts Haus« verstorben sei. Francke fand in historischen Unterlagen einen Drachstedt als Besitzer eines Hauses am Andreaskirchplatz und identifizierte dieses als Schauplatz von Luthers Tod.

Was Francke nicht wusste: Es gab zwei Drachstedts in Eisleben. Das Haus des Stadtschreibers Johann Albrecht hatte einst Bartholomäus (Barthel) Drachstedt gehört, lag am Eisleber Marktplatz und war zu Luthers Zeit noch als Drachstedt'sches Haus bekannt. Sein Neffe Dr. Philipp Drachstedt besaß jedoch ein anderes, nicht weit entferntes Haus – das heutige Sterbehaus am Andreaskirchplatz. So kam es zu einer folgenschweren Verwechslung: Als 1861 das Gerücht aufkam, dass die katholische Gemeinde das Sterbehaus kaufen wolle, schlug man Alarm. Um eine katholische Übernahme zu verhindern, kaufte der preußische König Wilhelm I. das falsche Gebäude und erteilte zugleich den Auftrag, das vielfach umgebaute Haus wieder in den Zustand des 16. Jahrhunderts zu versetzen.

Das heutige »lutherzeitliche« Aussehen des Sterbehauses am Andreaskirchplatz geht auf diesen königlichen Befehl zurück. Zwar stammt das Gebäude an sich aus dem 15. Jahrhundert, aber sein Äußeres sah im frühen 19. Jahrhundert – der damaligen Mode entsprechend – ganz biedermeierlich aus. Das heute besonders alt und ehrwürdig Erscheinende, all die Sandsteingewände, Butzenscheiben und schmiedeeisernen Beschläge – all das wurde erst während des Rückbaus geschaffen. Passend dazu wurden die Sterberäume 1894 nach Entwürfen von Friedrich Wilhelm Wanderer, einem Professor der Nürnberger Kunstgewerbeschule, »stylgemäß« dekoriert. Wanderer hatte sich bereits mit der »historischen« Einrichtung des Nürnberger Dürer-Hauses hervorgetan und schuf auch hier eine anheimelnde Kulisse für Besucher, um sie die Aura des historischen Ortes spüren zu lassen.

Das Sterbehaus wurde in den Jahren 2010–2012 vollständig saniert, durch einen neuen Museumsbau erweitert und 2013 mit der neuen Dauerausstellung »Luthers letzter Weg« wiedereröffnet. Aus dem von Besuchern weitgehend ignorierten Haus entstand durch den Umbau ein attraktiver Museumskomplex, der nun auch das besitzt, was man nach der Neugestaltung des Geburtshauses noch vermisst hatte: einen großen Saal, eine Sonderausstellungsfläche, museumspädagogische Räumlichkeiten und einen Innenhof, der sich für Veranstaltungen aller Art nutzen lässt.

Die Altstadt von Eisleben mit Knappenbrunnen und Andreaskirche

Den Besuchern präsentiert sich das Sterbehaus auf zweierlei, ganz gegensätzliche Weise: Der nördliche Zugang vom Andreaskirchplatz, benannt nach der gegenüberliegenden Andreaskirche, zeigt sich von seiner historischen Seite und lässt überhaupt keine baulichen Neuerungen erkennen. Diese erschließen sich erst, wenn man durch die ehrwürdige hölzerne Haustür ins Innere getreten ist und die Halle des historischen Hauses durchschritten hat. Der Weg führt von hier aus in den Innenhof, vorbei an der museumspädagogischen Werkstatt zum neuen Eingangsgebäude, das Kasse, Garderobe und sämtliche Funktionsräume beherbergt. Nähert man sich dem Museum hingegen auf dem Lutherweg, wird man durch den neu angelegten Vikariatsgarten durch die Ruinen des alten Vikariats zur Südseite des Gebäudekomplexes geleitet, das sich dem Besucher als schlichter, moderner und preisgekrönter Klinkerbau darbietet. Beide Zugänge, der historische von Norden und der moderne von Süden, laufen im Empfangsbereich des Neubaus zusammen, der zugleich Startpunkt der Ausstellung ist.

Die Ausstellung *Luthers letzter Weg* behandelt Luthers letzte Reise nach Eisleben, seine letzten Tage und seinen Tod, aber auch Luthers persönlichen und theologischen Umgang mit dem Thema Sterben, Tod und Auferstehung sowie die Einflüsse von Luthers Lehren auf die protestantische Sterbekultur. Was trist und trocken klingt, ist jedoch weder trist noch trocken präsentiert: Die Ausstellung gehört zu den innovativsten, unterhaltsamsten und gleichzeitig anregendsten Lutherausstellungen, die in Sachsen-Anhalt und Thüringen zu finden sind. Herausragend ist auch die Ausstellungsgestaltung, die als einzige der zahlreichen neuen Dauerausstellungen der *Stiftung Luthergedenkstätten in Sachsen-Anhalt* mehrfach für ihr Design ausgezeichnet wurde. Historisches Highlight sind die Sterberäume des Reformators, die zur Wiedereröffnung des Hauses vollständig rekonstruiert wurden und sich wieder so präsentieren, wie sie im 19. Jahrhundert von Friedrich Wilhelm Wanderer angelegt wurden.

Die Wiedereröffnung des Sterbehauses und die Qualität der neuen Dauerausstellung haben sich noch längst nicht überall herumgesprochen. Viele Besucher sind sich auch der Vielfalt des Eisleber Angebots nicht bewusst und gelangen deshalb über Geburtshaus und Taufkirche nicht hinaus. Das Museum hat deshalb – auch unter Einheimischen – noch immer den Status eines »Geheimtipps«. Für Eisleben-Besucher, die sich die Stadt auf dem Lutherweg erschließen, bietet sich das Sterbehaus übrigens als Rast- und Ruhepunkt an. Der Vikariatsgarten und der idyllische Innenhof laden zum Verweilen ein, und auch die Ausstellung bietet zahlreiche Möglichkeiten zum Innehalten. Die Nähe zum Marktplatz mit seinem mittelalterlichen Rathaus und dem trutzigen Lutherdenkmal schafft Gelegenheit, sich den Ort anzuschauen, an dem Luthers tatsächliches Sterbehaus stand: Heute befindet sich hier das Hotel *Graf von Mansfeld* – das dort gezeigte »Sterbezimmer« hat mit den historischen Geschehnissen jedoch nicht das Geringste zu tun.

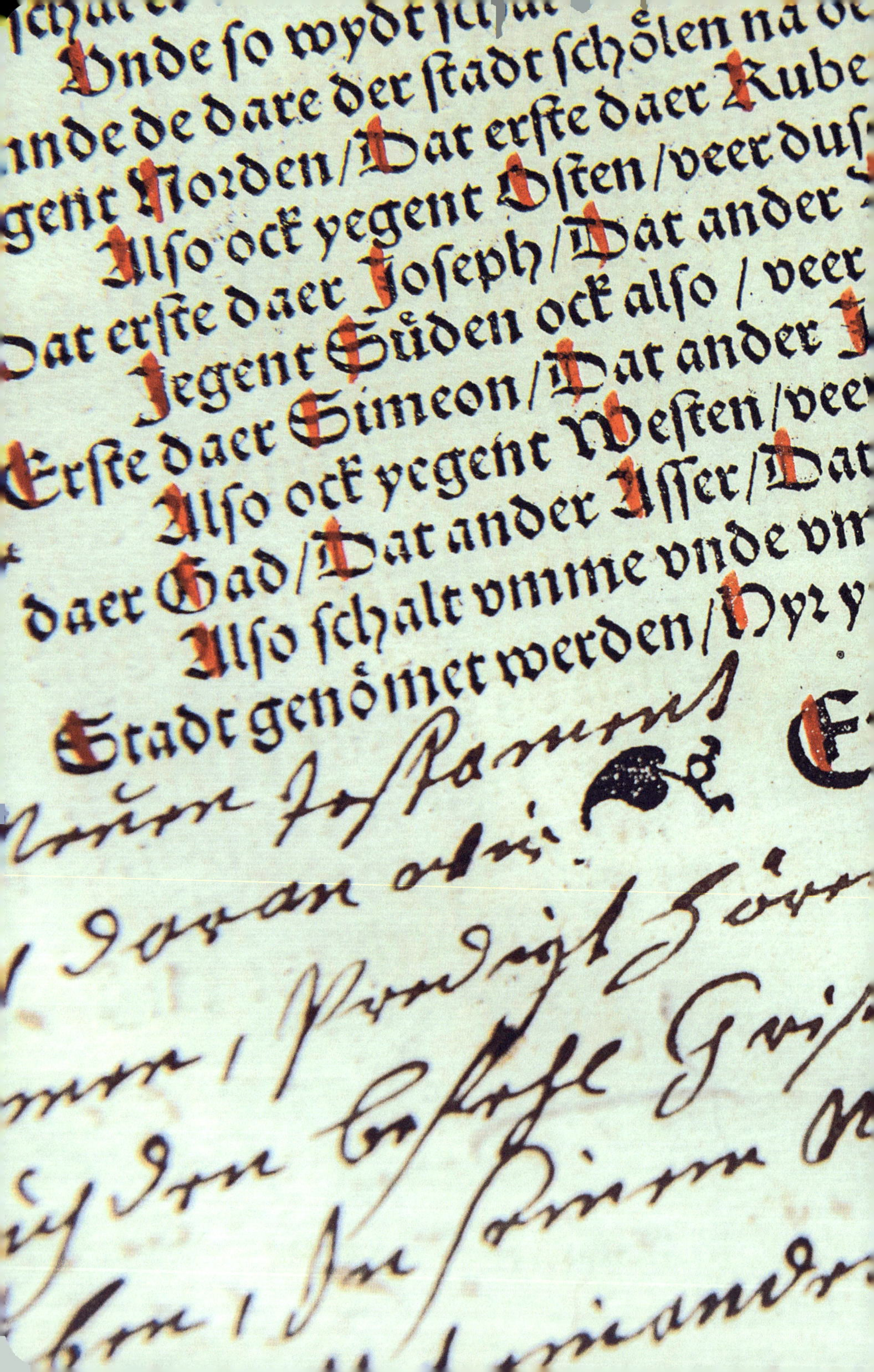
Vnde so wydt
unde de dare der stadt schölen na
gent Norden / Dat erste daer
Also ock yegent Osten / veer
Dat erste daer Joseph / Dat ander
Jegent Süden ock also / veer
Erste daer Simeon / Dat ander
Also ock yegent Westen
daer Gad / Dat ander Asser / Dat
Also schalt vmme vnde
Stadt genömet werden

WORT UND WIRKUNG – ORTE DER REFORMATION

EINE LUTHERBIBEL MIT SPÄTEREN HANDSCHRIFTLICHEN EINTRAGUNGEN

DAS EHEMALIGE ANNENKLOSTER NEBEN DER ANNENKIRCHE AM ANNENKIRCHPLATZ 2 /// 06295 LUTHERSTADT EISLEBEN /// 0 34 75 / 60 41 15 /// WWW.KIRCHE-EISLEBEN-STANNEN.DE/BESICHTIGUNG.HTML ///

LUTHER ALS ZELLENWÄRTER

Die St.-Annen-Kirche in Eisleben

10

Wer Luther nur aus dem Kino kennt, wird beim Thema *Luthers Klosterzeit* vielleicht an eine Gestalt denken, die sich nächtens in panischer Pein auf dem Boden ihrer Zelle wälzt. Man sollte das nicht für bare Münze nehmen: Luthers Seelennöte waren nicht ohne, aber Bruder Martin war trotzdem niemand, der seine Zeit nur mit Heulen und Zähneklappern verbracht hätte. Luther war ein Mönch, der seine Berufung sehr ernst nahm. Sein geistlicher Eifer, sein Organisationstalent und sein Streben nach vorbildlicher Lebensführung blieben nicht unbemerkt: Er machte deshalb bei den Augustiner-Eremiten schnell Karriere und war am Vorabend der Reformation als Distriktsvikar seines Ordens verantwortlich für die Klöster in Kursachsen. In dieser Funktion beriet und kontrollierte er seine Mitbrüder, häufig bis in die Details der alltäglichen Haushaltsführung. Im Kampf gegen Verschwendung, Schlamperei und geistliche Trägheit schonte Luther weder seine Ordensbrüder noch sich selbst. Neben seinen vielfältigen Aufgaben achtete er streng darauf, auch die Stundengebete nicht zu vernachlässigen, die den Tagesablauf eines Mönches gliederten. Was aber, wenn man über den Tag zu viel zu tun hat? Luther fand für dieses Problem eine einfache, wenn auch gesundheitsgefährdende Lösung: »Ich sammelte meine Stundengebete oft eine ganze Woche bis auf den Sonnabend, ja zwei oder drei Wochen, und sperrte mich drei ganze Tage ein, aß und trank nichts, bis ich ausgebetet hatte. Da ward mir der Kopf so toll [= verrückt] davon, dass ich in fünf Nächten kein Auge zutat, krank bis auf den Tod darniederlag und wie von Sinnen kam.« Man versteht, warum Luther irgendwann Zweifel an dieser Form der Leistungsfrömmigkeit bekam.

Die Annenkirche in Eisleben steht wie kein anderer Ort für diese Phase in Luthers Leben. St. Annen war zunächst eine Pfarrkirche für die Eisleber Neustadt, eine Bergarbeitersiedlung am Rande der Stadt, der Graf Albrecht von Mansfeld das Stadtrecht verlieh. Der Bau der Kirche begann 1513 und war der heiligen Anna – als Schutzpatronin der Bergleute – gewidmet. 1515 wurde die Kirche den Augustiner-Eremiten übereignet, die sogleich damit begannen, ein Kloster zu errichten. Die Gründung des neuen Klosters brachte auch Luther wieder in seine Geburtsstadt: Als Distriktsvikar fiel das Annenkloster in seine Zuständigkeit; zwei Mal hielt er sich nachweislich hier auf. Lange währte die Neugründung jedoch nicht – und auch dafür ist Luther verantwortlich. Denn das Kloster schloss sich bereits 1520 Luthers reformatorischer Lehre an. Als der Reformator zu der Einsicht gelangte, dass das Mönchtum überflüssig sei, schlossen sich seine Eisleber Ordensbrüder an – und das Kloster 1523 zu. Während Luther weiterhin im Wittenberger Augustinerkloster wohnte und ihm damit zu internationaler Bedeutung verhalf, geriet das Eisleber Kloster in Vergessenheit.

Luther als Augustinermönch 1520, Kupferstich von Lucas Cranach dem Älteren

Geblieben sind Kirche und Klosterbau. Die Kirche wurde zwischen 1585 und 1608 zu Ende gebaut, das Kloster aus verständlichen Gründen nicht. Diesem Umstand verdanken wir eine echte (Wieder-)Entdeckung, die das Landesamt für Denkmalpflege und Archäologie Sachsen-Anhalt im Jahre 2008 stolz verkünden konnte, dass nämlich sieben Mönchszellen des Klosters noch erhalten sind. Und mehr noch: Diese Räume gehören zu den ältesten in Mitteldeutschland erhaltenen Klosterzellen. Luther hat sie mit Sicherheit gekannt, auch wenn nicht mehr geklärt werden kann, ob er eine von ihnen auch selbst bewohnt hat. Als Distriktsvikar stand ihm wahrscheinlich ein etwas komfortablerer Raum im Klostergebäude zu.

Für Reformationsinteressierte sind Annenkirche und -kloster eine echte Entdeckung. Nicht nur, weil sie als Lutherort vergleichsweise unbekannt sind, sondern weil die Annenkirche auch über eine wunderbare Renaissance-Ausstattung verfügt – und damit nicht nur die frühesten Anfänge der Reformation, sondern auch ihre Wirkungsgeschichte erlebbar macht. Für Eisleben-Besucher ist dieser Ort fast schon ein Muss: Denn Annenkirche und Annenkloster sind die letzte Station des innerstädtischen Lutherweges und zugleich sein Höhepunkt. Das ist ganz wörtlich zu verstehen, denn die Kirche liegt auf einer Anhöhe, von der aus man bei klarem Wetter eine Aussicht über Eisleben bis hinunter zum Süßen See genießen kann. Dieser Blick ist der Internationalen Bauausstellung 2010 zu verdanken, in deren Rahmen man baufällige Gebäude abgerissen und Brachflächen neu gestaltet hat. Wer den Aufstieg zur Kirche über die mit Lutherzitaten geschmückten Stadtterrassen nicht scheut, bekommt als Belohnung neben einem satten Panorama auch einen Eindruck von der Struktur der Stadt, die sich im Zentrum seit Luthers Zeit nur noch wenig verändert hat.

DIE COLLEGIENSTRASSE MIT BLICK AUF DIE WITTENBERGER SCHLOSSKIRCHE.

MEHR INFOS ZUR KIRCHE GIBT ES HIER: SCHLOSSKIRCHE WITTENBERG /// SCHLOSSPLATZ /// 06886 WITTENBERG ///

KÜSTEREI /// 0 34 91 / 40 25 85 /// WWW.SCHLOSSKIRCHE-WITTENBERG.DE/ ///

GEMEINDEBÜRO WITTENBERG /// SEKRETÄRIN ADELHEID EBEL /// WILHELM-WEBER-STRASSE 1A /// 06886 LUTHERSTADT WITTENBERG /// 0 34 91 / 50 53 48 ///

DER MÖNCH OHNE HAMMER

Die Schlosskirche in Wittenberg

11

Es ist paradox: Jener Ort, der wie kein zweiter für die Reformation steht, hat heute kaum noch Zeugnisse der Reformationszeit zu bieten. Die Kirchentür, an die Luthers 95 Thesen geschlagen worden sein sollen? Ersetzt durch einen kunstvollen Bronzeguss. Der Kirchenraum, in dem Luther gepredigt hat? Umgebaut zu einer historistischen Mittelalter-Kulisse. Der berühmte Kirchturm mit der Inschrift *Ein feste Burg ist unser Gott*? Umgestaltet im 19. Jahrhundert. Und Luthers Grabplatte? Eine Kopie.

Natürlich ist die reformatorische Ausstattung der Kirche – einschließlich der Thesentür – nicht mutwillig zerstört worden. Das besorgte ein Feuer im Jahre 1760. Den Wiederaufbau nutzte man allerdings zur Modernisierung des Innenraums im Geschmack der damaligen Zeit. Die Vorstellung, dass man historische Denkmale bewahren und wiederherstellen müsse, ist relativ neu. Sie entwickelte sich erst im frühen 19. Jahrhundert, und es dauerte eine gewisse Zeit, bis man die künstlerischen Ausdrucksformen der Vergangenheit schätzen lernte und nicht mehr nur als altmodisch empfand. Diese Wertschätzung hatte sich in der zweiten Hälfte des 19. Jahrhunderts zum Historismus gesteigert – und heute ist die Schlosskirche nach einem Umbau ein schönes Beispiel für diese Epoche der Kunstgeschichte. In ihrem Innenraum verbindet sich der Wunsch nach der Wiederherstellung eines »lutherzeitlichen« Aussehens mit dem Anspruch, die Schlosskirche zum zentralen Denkmal der Reformation auszubauen.

Der Anlass für die Neugestaltung der Schlosskirche war der 400. Geburtstag Martin Luthers im Jahre 1883: Das deutsche Kaiserreich war erst zwölf Jahre zuvor gegründet worden – und im Unterschied zum Heiligen Römischen Reich deutscher Nation, das sich 1806 aufgelöst hatte, war der Kaiser jetzt evangelisch. Da man im Historismus geradezu besessen war von der Vergangenheit, suchte man nun fieberhaft nach symbolträchtigen Orten, Personen und Geschichten, die das neue, evangelische Kaiserreich als Krönung der deutschen Geschichte erscheinen ließen. Da kam die Schlosskirche

Die Schlosskirche in Wittenberg markiert das Zentrum der lutherischen Welt. Ihr historistisch umgestalteter Turm verkündet weithin lesbar: »Ein feste Burg ist unser Gott«.

gerade recht. Hier hatte die Reformation begonnen, hier hatte Luther gepredigt, hier lag Kurfürst Friedrich der Weise begraben, der dem Reformator Schutz geboten hatte. Ein Fürst als Schutzherr des wahren Glaubens – das passte zum Selbstverständnis des neuen Staats: Was Friedrich der Weise für die Reformation gewesen war, das sollte nun Wilhelm I. für das protestantisch-preußische Deutschland sein; was im alten Kaiserreich begonnen hatte, sollte im neuen Kaiserreich seine Vollendung finden.

Der Umbau der Schlosskirche in diesem neuen Sinne wurde allerdings erst unter Wilhelm II. vollendet, dem Enkel Wilhelms I. Der Innenraum erstrahlt seitdem in schönster Neogotik und verherrlicht die evangelischen Fürsten als Stützen des Reiches, vereint im Bündnis von Thron und Altar. Als »allerhöchste Majestät« und formales Oberhaupt der evangelischen Kirche musste sich Wilhelm II. von den anderen Fürsten jedoch noch etwas absetzen – und weil er es gerne ein wenig üppiger hatte, ließ er sich ein thronartiges Chorgestühl anfertigen, das noch heute zu bewundern ist. Was auf den heutigen Betrachter in seinem Prunk unfreiwillig komisch wirkt, erlaubt einen Einblick in den Geist jener Zeit und den offiziellen Kult um die Reformation vor dem Ersten Weltkrieg.

Die eigentlichen Sehenswürdigkeiten liegen jedoch anderswo, genauer gesagt: unter dem Fußboden. Eine schlichte Bronzeplatte auf einem Sockel unter der Kanzel markiert das Grab Martin Luthers, der 1546 hier zur ewigen Ruhe gebettet wurde. Gegenüber findet sich das ebenso gestaltete Grabmal von Philipp Melanchthon, Luthers bedeutendstem Mitstreiter, den man 1560 hier bestattete.

Luthers Grab blieb bis ins 19. Jahrhundert unberührt, was keine Selbstverständlichkeit ist: Als Kaiser Karl V. Wittenberg im Schmalkaldischen Krieg einnahm, hätte es so mancher von Luthers Gegnern gern gesehen, wenn die sterblichen Überreste des »Ketzerfürsten« aus dem Sarg geholt und auf dem Scheiterhaufen verbrannt worden wären. Aber Karl ließ sich zu diesem Schritt nicht hinreißen, weniger aus persönlicher Zuneigung als aus politischer Klugheit. So blieb Luther die weiteren Jahrhunderte hindurch unbehelligt, auch wenn sich hartnäckig das Gerücht hielt, dass der Sarg in der Schlosskirche leer sei – sei es, weil seine Anhänger den Leichnam vor den kaiserlichen Truppen rechtzeitig in Sicherheit gebracht hatten (wie man im evangelischen Lager vermutete), sei es, weil sich der Tote unter schrecklichem Gepolter und infernalischem Gestank in Luft aufgelöst habe (wie man im katholischen Lager zu wissen glaubte).

Eine Gelegenheit, dem Geheimnis des Sarges auf die Spur zu kommen, bot sich erst während der Umgestaltung im 19. Jahrhundert. Doch was der katholische Karl V. nicht getan hatte, wollte auch der evangelische Wilhelm II. nicht tun: Der Kaiser verbot, irgendetwas mit dem Sarg des großen Reformators anzustellen. Doch so einfach lässt sich die Neugierde nicht unterdrücken; 1892 spähten Arbeiter trotzdem in den Sarg, den sie bei der Erneuerung des Fußbodens freigelegt hatten. Der Blick war kurz, das Ergebnis aber ein-

Die Tür der Wittenberger Schlosskirche, hier hingen Luthers 95 Thesen aus.

deutig: Die katholische Vermutung erwies sich als unbegründet, der Sarg war gefüllt. Was eine wissenschaftliche Sensation hätte werden können, wurde aus Gründen der Pietät jedoch nicht weiterverfolgt. Verbot war Verbot. Die Aktion wurde vertuscht, um den kaiserlichen Bauherrn nicht zu verärgern – aber es gibt noch ein Beweisstück, das von der Öffnung des Grabes zeugt: Im Wittenberger Lutherhaus wird bis heute ein Griff von Luthers Sarg gezeigt, der damals als Erinnerungsstück entwendet wurde.

Nicht gezeigt wird der Hammer, mit dem Luther 1517 angeblich seine 95 Thesen eigenhändig an die Tür der Schlosskirche angeschlagen haben soll. Obwohl er Teil einer schönen Geschichte ist: Der »Mönch mit dem Hammer«, dessen kraftvolle Schläge ein neues Zeitalter einleiteten und den päpstlichen Thron zum Wackeln brachten. Über Jahrhunderte ist sie in immer neuen Variationen erzählt und dargestellt worden – bis der katholische Kirchenhistoriker Erwin Iserloh sich 1961 als Spielverderber erwies: Der Thesenanschlag, so stellte sich heraus, lässt sich nicht nachweisen. Melanchthon, der davon berichtete, war damals gar nicht in Wittenberg. Seitdem sprachen Wissenschaftler nicht mehr vom Thesenanschlag, sondern nur noch von der Veröffentlichung der Thesen. Dann die vermeintliche Sensation: 2006 fand sich eine handschriftliche Notiz, die den Thesenanschlag eindeutig erwähnt. Der einzige Haken: Aus der Notiz ging hervor, dass die Thesen an die Kirchtür*en* angeschlagen wurden – also an alle, nicht nur an die der Schlosskirche. Und auf Luthers eigenhändige Betätigung gab es weiterhin keinen Hinweis. War es vorstellbar, dass der Professor Luther selbst durch Wittenberg lief und die Thesen überall anschlug? War das nicht eher ein Job für den Universitätspedell, den Hausmeister also? Die Fachleute waren uneins, die Sensation blieb aus: Vielleicht wurde tatsächlich an Kirchentüren genagelt – aber der »Mönch mit dem Hammer« bleibt wohl weiterhin Fiktion.

Besichtigen sollte man die Schlosskirche trotzdem. Denn sie bleibt der Ort, der mit der Veröffentlichung der 95 Thesen, dem Startschuss für die Reformation, für immer verbunden bleibt. Und es hat sich viel getan: Wieder wurde die Schlosskirche renoviert, diesmal aber nicht dem Zeitgeschmack angepasst. Sie bleibt ein Zeugnis für die Lutherverehrung vergangener Jahrhunderte. Zum Reformationsjubiläum 2017 wurde sie grundlegend saniert, um dem Ansturm der Besucher weiterhin standhalten zu können – diesmal als Teil eines Restaurierungsprojekts, das auch das ehemalige kurfürstliche Schloss umfasst. Ob Luthers Sarg weiterhin unangetastet bleibt, und ob sich die Politiker unserer Tage dem Ehrenkodex der alten Kaiser verpflichtet fühlen, bleibt abzuwarten. Seit die Archäologen aus Halle die sterblichen Überreste der Königin Editha in einer Nacht- und Nebelaktion aus dem Magdeburger Dom »entführten«, um sie wissenschaftlich zu untersuchen, trauen die Sachsen-Anhaltiner ihren Wissenschaftlern jede Schandtat zu. Doch auch dafür gibt es Gründe: Denn wenn Schillers Schädel nicht Schillers Schädel ist, wer sagt dann, dass Luthers Sarg Luthers Sarg ist? Es bleibt also spannend. Wer am Ende die Oberhand behält – Karl V. oder Indiana Jones – wird sich zeigen.

DER TEUFEL WIRFT MIT WALNÜSSEN

Die Lutherstube auf der Wartburg über Eisenach

12

Hier irgendwo muss er sein! Wenn Besucher die Lutherstube auf der Wartburg zum ersten Mal betreten, wandert der Blick meist suchend über die Wand. Hier irgendwo muss er sein, der berühmte Tintenfleck, die Stelle, an der Luthers Tintenfass gegen die Wand schlug, der Ort, an dem Luther den Teufel bewarf! Doch die Suche bleibt vergeblich – und das hat verschiedene Gründe. Der erste ist so einfach wie enttäuschend: Luther hat nie mit dem Tintenfass nach dem Teufel geworfen. Die Geschichte ist eine Legende, möglicherweise ein Missverständnis der blumigen Formulierung, dass Luther den Teufel mit Tinte bekämpft, das heißt, in seinen Werken gegen ihn angeschrieben habe. Der zweite ist etwas verwirrender: Der Fleck wird schon lange nicht mehr erneuert. Denn es gab ihn durchaus, den Fleck, und zwar seit dem 17. Jahrhundert. Dabei ist nicht ganz klar, wer zuerst da war: der Fleck oder die Nachfrage nach ihm. Das gemeinsame Interesse an dieser Sehenswürdigkeit führte jedenfalls dazu, dass der Fleck nicht nur zu sehen war, sondern auch regelmäßig aufgefrischt wurde.

Heute wird diese Legende nicht mehr gepflegt. Doch ihre Spuren sind noch sichtbar: Dort, wo der Fleck zu sehen gewesen war, haben Besucher über die Jahrzehnte den Putz abgetragen. Um ein kleines Stückchen des berühmten Fleckes zu ergattern, wurde heimlich geschabt, gekratzt und gepult. Luthers Schreibtisch ging es noch schlechter. Der Wunsch nach einem Span oder Splitter führte dazu, dass das berühmte Schreibmöbel nach und nach abgetragen wurde – und schließlich ersetzt werden musste. Der Übergang von der »Reliquie« zum Souvenir war dabei fließend – und das, obwohl Luther der Reliquienkult verhasst war (Seite 53); die Besucher der Lutherstube hatten offenbar immer den Drang, etwas von diesem besonderen Ort mitzunehmen. Wenn sie etwas hinterließen, dann ihren Namen oder ihre Initialen – eingeritzt in die Wand. So ist die Lutherstube nicht nur ein Beweis für die über Jahrhunderte anhaltende Lutherverehrung, sondern auch ein Musterbeispiel für touristischen Vandalismus.

Der Luthertourismus blühte schon im 19. Jahrhundert. Dieses Souvenir, das vermutlich zum Reformationsjubiläum 1917 produziert wurde, stellt die Lutherstube auf der Wartburg dar.

Auch wenn der Tintenfleck eine Legende ist und manches Möbelstück nicht aus Luthers Zeit stammt, so ist die Lutherstube auf der Wartburg doch ein authentischer Lutherort. Hier lebte der Reformator nach seiner Scheinentführung am 4. Mai 1521 unter dem Decknamen Junker Jörg – wobei Jörg eine Kurzform von Georg ist. Diesen Namen wählte Luther wohl nicht zufällig: Der heilige Georg ist sowohl Schutzpatron seiner Heimatstadt Mansfeld als auch seiner zweiten Heimatstadt Eisenach. Der Ort seiner Schulzeit ist von der Burg gut zu sehen, und dankenswerterweise wurde der Ausblick auf die umgebenden Wälder weder durch Neubauten noch durch Windräder verschandelt. So hat man auch heute noch die Chance, der Atmosphäre von Luthers Exil nachzuspüren. Das gelingt am ehesten, wenn man sich in den frühen Morgenstunden von Eisenach aus auf den Weg macht und die Mühe auf sich nimmt, den Burgberg im Morgennebel zu erklimmen. Wenn die Sonnenstrahlen die nebelgraue Waldeinsamkeit erhellen, bekommt man einen Eindruck von der geradezu mystischen Abgeschiedenheit, die Luther umgab. Und wenn noch nicht allzu viele Touristen im Burghof unterwegs sind, erschließt sich einem auch die bescheidene Größe und der beinahe intime Charakter seines Zufluchtsorts – auch wenn die heutige Gestalt der Burg nicht identisch mit jener ist, die Luther vertraut war. Denn den pittoresken Charme des Weltkulturerbes verdankt es vor allem den fantasievollen Rekonstruktionen des 19. Jahrhunderts. Und dennoch erlaubt die Wartburg noch immer einen einzigartigen Blick in einen der wichtigsten Abschnitte der Reformationsgeschichte.

Die Zeit auf der Wartburg war für Luther eine zwiespältige Erfahrung: Einerseits war sie eine Phase der Isolation, Einsamkeit und Anfechtung. Luther sah sich vom Teufel bedrängt – und das war keineswegs nur eine Redensart. In der Rückschau berichtete er: »Oft plagte mich der Teufel durch seine Erscheinungen, ganz besonders auf jener Burg, in der ich eine Zeit lang gefangen gehalten wurde. Da nahm er die Welschnüsse [= Walnüsse] aus dem Tisch und schnellte sie an die Decke die ganze Nacht über.« In unseren aufgeklärten Zeiten tun wir uns mit solchen Berichten schwer. Aber sie belegen die hohe nervliche Belastung und die Rolle, in der sich Luther sah: nicht als Theologe, der mit anderen Theologen über einige Fachfragen uneins ist, sondern als Verteidiger des Evangeliums gegen Satan selbst. Andererseits machte eben diese Überzeugung seinen Aufenthalt auf der Wartburg zu einer besonders produktiven Phase. Das Neue Testament übersetzte er hier in der Lutherstube in nur elf Wochen. Damit schlug er nicht nur dem Teufel ein Schnippchen, sondern schuf auch einen Bestseller, der gewaltige Folgen hatte. Die hochdeutsche Schriftsprache nahm hier ihren Anfang. Und wenn Sie diese Zeilen lesen können, ohne in einem Dialektwörterbuch nachschlagen zu müssen, dann verstehen Sie, worin Luthers Leistung eigentlich besteht.

Trotz aller Burgenromantik sollte man sich Luthers Alltag »unter den Vögeln« nicht allzu ruhig vorstellen: Der Reformator stand derart unter Strom, dass er an mehreren theologischen Schriften

Dieser schöne Erker wurde erst im 19. Jahrhundert auf der Wartburg installiert

gleichzeitig arbeitete und nebenbei noch eine umfangreiche Korrespondenz führte. »Ich lerne Hebräisch und Griechisch und schreibe ununterbrochen«, berichtete Luther an seinen Mitstreiter Georg Spalatin. Briefe und Manuskripte flogen zwischen Wittenberg und Eisenach hin und her, denn Luther sah sich nach seinem Auftritt beim Wormser Reichstag herausgefordert zu erklären, wie denn eine Kirche aussehen sollte, die dem Evangelium folgt – also eine wirklich *evangelische* Kirche ist. Eine der Antworten darauf war die Übersetzung der Bibel: Jeder Gläubige sollte die Heilige Schrift selbst lesen können. Dass dies kein Privileg für Geistliche mehr sein sollte, hing mit Luthers Lehre vom Priestertum aller Gläubigen zusammen. Die besagte, dass man aus der Bibel keinen herausgehobenen Priesterstand ableiten konnte, der sich durch besondere Weihen von normalen Christen unterschied – denn mit der Taufe sei jeder Christenmensch gewissermaßen automatisch Priester. Und damit war auch das Mönchtum überflüssig. Deshalb verfasste Luther auf der Wartburg seine bekannte Schrift gegen die Klostergelübde, in der er auch seinen eigenen Werdegang kritisch unter die Lupe nahm: In der Vorrede entschuldigte er sich bei seinem Vater, gegen dessen Willen ins Kloster eingetreten zu sein.

Eine andere berühmte Schrift, die hoch über Eisenach entstand, war die sogenannte Wartburgpostille. Luther war klar, dass man von den Pfarrern nicht fordern konnte, künftig evangelisch zu predigen, wenn man ihnen keine Anleitung dazu an die Hand gab. So verfasste er eine Sammlung von Musterpredigten, die zeigten, wie man eine Bibelstelle im evangelischen Sinne korrekt auslegte. Da sich die Postille an Pfarrer richtete, plante Luther ursprünglich, sein Werk auf Latein zu schreiben – was damals bei theologischer Fachliteratur üblich war. Doch dann wurde ihm klar, dass es nicht genügte, nur die richtige Auslegung zu liefern. Wer predigt, soll auch gehört und verstanden werden. Und deshalb galt auch hier, was für Luthers Bibelübersetzung galt – wer Deutsch schreibt und predigt, muss dem »Volk aufs Maul schauen«, wenn er sich verständlich machen will. Die Wartburgpostille erschien deshalb auf Deutsch. Und das hatte Folgen: Die evangelische Predigt erhielt ihren typischen Aufbau und Klang – und so steckt in jedem *Wort zum Sonntag* auch heute noch ein kleines bisschen Wartburg.

Das Reformationsjubiläum geht natürlich auch an deren Lutherstube nicht spurlos vorüber: Ein neuer Rundgang macht seit 2016 den Weg erlebbar, den Luther bei seiner Ankunft auf der Wartburg genommen hat. Dabei wird auch sichtbar, dass die Lutherstube keine Gefängniszelle war, sondern Teil eines Wohnbereichs, in dem es sich durchaus komfortabel wohnen und arbeiten ließ. Wer jedoch mehr über die hier entstandene Lutherbibel erfahren möchte, sollte den Aufstieg zur Wartburg mit einem Besuch des Eisenacher Lutherhauses kombinieren. Hier wie dort gilt jedoch: Nicht jede Tradition ist erhaltenswert. Wenn Sie den Drang verspüren sollten, Späne zu schneiden, Putz abzubröckeln oder ihre Initialen einzuritzen – lassen Sie es lieber sein. So etwas wird heute nicht mehr als Zeichen der Lutherverehrung akzeptiert.

Auch die Zeit der Legenden ist vorbei; der Fleck wird nicht wieder angebracht. Das Tintenfass, das Luther nach dem Teufel geworfen haben soll, wird übrigens im Museumsshop der Wartburg verkauft – als Metallguss-Souvenir.

STADTKIRCHE WITTENBERG /// KIRCHPLATZ ///
06886 LUTHERSTADT WITTENBERG /// 0 34 91 / 62 83 -0 ///
WWW.STADTKIRCHENGEMEINDE-WITTENBERG.DE ///

DIE EVANGELISCHSTE ALLER KIRCHEN

13

Die Stadtkirche in Wittenberg

Aufruhr und Tumult, Bildersturm und »Judensau« – in keiner Kirche lassen sich die Höhe- und Tiefpunkte der Reformation so gut betrachten wie in der Stadt- und Pfarrkirche St. Marien in Wittenberg. Sie gilt als »Mutterkirche« der Reformation, sie ist der Schauplatz ihrer Sturm- und Drangphase und der eigentliche Entstehungsort der evangelischen Kirche. Hier wurde die Messe zum ersten Mal in deutscher Sprache gefeiert, hier teilte man das Abendmahl zum ersten Mal »unter beiderlei Gestalt«, also mit Brot *und* Wein an die Gemeinde aus. Dieser Schritt war revolutionär und im eigentlichen Sinne »evangelisch«. Denn man setzt sich über die bestehende Liturgie hinweg, um den Worten des Evangeliums gerecht zu werden: »Und [Jesus] nahm den Kelch und dankte, gab ihnen den und sprach: Trinket alle daraus; […]« (Matthäus 26,27). Die Austeilung des Weins an die Gemeinde markierte nun für jeden sichtbar die Einführung der Reformation. Bis dahin war das Abendmahl (Eucharistie) »unter einer Gestalt« gereicht worden: Die Gemeinde erhielt das Brot, den Wein trank der Priester allein. Das ist in der römisch-katholischen Kirche bis heute so – und das Thema Abendmahl/Eucharistie bleibt zwischen Protestanten und Katholiken weiterhin umstritten.

Das Abendmahl ist auch das zentrale Motiv des Altargemäldes von Lucas Cranach dem Älteren, das die Inhalte der Reformation ins Bild setzt. Hier werden die drei Sakramente dargestellt, die die reformatorischen Theologen noch von den ursprünglich sieben Sakramenten der alten Kirche gelten ließen: das Abendmahl (auf der Mitteltafel), die Taufe (linker Flügel) und die Buße (oder Beichte, rechter Flügel). Unter der Mitteltafel, auf der Predella, erkennt man, was den Reformatoren ebenfalls am Herzen lag: die Predigt. Links ist die Gemeinde dargestellt, die das Wort Gottes hört, rechts Luther als Prediger auf der Kanzel. Er weist in die Mitte. Dort ist der gekreuzigte Christus; er ist der Mittelpunkt – des Evangeliums, des Glaubens und der Predigt. Damit ist das Gemälde so etwas wie eine Lehrtafel, auf der das Wichtigste über die Aufgabe der Kirche zusammengefasst ist: Sie soll das Wort Gottes, die frohe Botschaft des Evangeliums un-

Die »Judensau« an der Wittenberger Stadtkirche verhöhnte den jüdischen Glauben. Luther veröffentlichte am Ende seines Lebens einige äußerst brutale judenfeindliche Schriften.

verfälscht weitergeben und die Sakramente spenden, die Jesus selbst eingesetzt hat.

Neben der offiziellen Selbstdarstellung der Reformation lässt sich auch sehr Privates entdecken. Wer mit offenen Augen durch die Kirche geht und seinen Blick durch den Kirchenraum schweifen lässt, wird sie an einem Pfeiler entdecken: eine schlichte Steinplatte mit der Inschrift *Hic dormit Elisabeth filiola M. Lutheri* (»Hier schläft Elisabeth, das Töchterlein Martin Luthers«). Es handelt sich um den Grabstein von Luthers Tochter Elisabeth, die nur ein halbes Jahr alt wurde und im August 1528 starb. Die Kindersterblichkeit im 16. Jahrhundert war hoch, der Tod von kleinen Kindern nichts Ungewöhnliches – deshalb schien Luther überrascht, wie stark ihn der Verlust berührte: »Mein Töchterchen Elisabeth ist mir gestorben. Es ist seltsam, ein wie bekümmertes, fast weibisches Herz sie mir zurückgelassen hat, so hat mich der Jammer um sie überkommen. Nie vorher hätte ich geglaubt, dass ein väterliches Herz wegen der Kinder so weich sein könne.«

Und die »Judensau«? Die ist an der Fassade der Kirche auszumachen – und eigentlich nichts Ungewöhnliches. An vielen Kirchen und Kathedralen des Mittelalters finden sich judenfeindliche Darstellungen. Sie knüpfen an die Evangelien an, vor allem an die des Matthäus und des Johannes, in denen der Tod Jesu den Juden angelastet wird. Manchmal findet man eine Gegenüberstellung von *Ecclesia* und *Synagoge*, also zwischen der christlichen Kirche und dem Judentum. Beide wurden als Frauen dargestellt; die *Synagoge* trägt dabei meist eine Augenbinde – um deutlich zu machen, wie »blind« die Juden seien, weil sie Jesus Christus nicht als Messias anerkennen. Andere Darstellungen sind nicht so feinsinnig, sondern belassen es bei groben Beleidigungen. Die »Judensau« gehört dazu. Mit der Reformation hat sie nur indirekt zu tun, mit Luther dafür umso mehr: Denn Luther hatte sich in seinen letzten Lebensjahren zu besonders üblen und brutalen Schriften gegen die Juden hinreißen lassen. Andere Reformatoren sind ihm in diesen radikalen Ansichten nicht gefolgt – Konsequenzen hatten seine Schriften jedoch im 19. und 20. Jahrhundert. Da berief sich eine neue Generation von Judenhassern auf Luthers Schriften: die Antisemiten, weil sie die Juden als angeblich minderwertige »Rasse« betrachteten. Die Nationalsozialisten ließen Luthers antijüdische Schriften in den 1930er-Jahren nachdrucken – und nutzten sie zur geistigen Vorbereitung auf die massenhafte Ermordung der europäischen Juden. Die »Judensau« in Wittenberg sollte deshalb als Mahnmal betrachtet werden und daran erinnern, wie weit die Wurzeln des Judenhasses zurückreichen.

STADTKIRCHE JENA /// LUTHERSTRASSE 3 /// 07743 JENA ///
0 36 41 / 30 68 62 (FÜHRUNGEN) /// WWW.STADTKIRCHE-JENA.DE ///

WO DER WAHRE LUTHER WOHNT

Die Stadtkirche in Jena

14

Am Anfang stand ein gewaltiger Verrat, am Ende eine krachende Niederlage. Seit sich Luther und Kaiser Karl V. 1519 auf dem Reichstag von Worms begegnet waren, hatte sich die Reformation bis in die 1540er-Jahre in Europa fast ungehindert ausgebreitet. Alle Versuche, die Kirchenspaltung mit friedlichen Mitteln zu überwinden, waren gescheitert. Nun zeichnete sich eine andere Möglichkeit ab: Es gab eine realistische Chance, alle Probleme mit Gewalt zu lösen. Außenpolitisch hatte der Kaiser gerade den Rücken frei, innenpolitisch konnte man Unstimmigkeiten unter den protestantischen Fürsten nutzen. Der *Schmalkaldische Bund*, das Verteidigungsbündnis der evangelischen Herrscher, zeigte Risse. Jetzt ergab sich die Gelegenheit, die Kirchenspaltung mit einem Schlag zu überwinden, die Fürsten in die Schranken zu weisen und die Autorität des Kaisers wiederherzustellen.

Der Kaiser stellte Truppen auf, die Führer des *Schmalkaldischen Bundes* – Kurfürst Johann Friedrich von Sachsen und Landgraf Philipp von Hessen – reagierten, indem sie im Juni 1546 ihre Heere in Marsch setzten. Der *Schmalkaldische Krieg* begann. Es lief zunächst nicht schlecht für die Protestanten, doch die Wende brachte schließlich ein Verrat: Herzog Moritz von Sachsen verbündete sich mit dem Kaiser – und erklärte seinem Vetter Johann Friedrich von Sachsen den Krieg. Seine Belohnung: Die Kurfürstenwürde sollte vom ernestinischen Sachsen Johann Friedrichs auf das albertinische Sachsen von Herzog Moritz übergehen.

Am 28. März 1547 schlugen die kaiserlichen Truppen das Heer Johann Friedrichs in der Schlacht bei Mühlberg und vernichteten es. Johann Friedrich wurde gefangen genommen und zum Tode verurteilt. Um sein Leben zu retten, verzichtete er auf die Kurfürstenwürde und einen Teil seines Herrschaftsgebiets. Johann Friedrich war nun – wie sein Mitstreiter Philipp von Hessen – ein persönlicher Gefangener des Kaisers.

Karl V. konnte seinen Sieg jedoch nicht nutzen. Um die Kirchenspaltung zu beseitigen, verordnete er 1548 das *Augsburger Interim*. Das gewährte den Protestanten einige Zugeständnisse für

Nach Luthers Tod rangen die Universitäten von Jena und Wittenberg um die Deutungshoheit. Jena verstand sich in dieser Auseinandersetzung als Hüterin des »wahren« lutherischen Erbes.

die Übergangszeit bis zur Wiedervereinigung der Kirche, hob das evangelische Bekenntnis aber faktisch auf. Eine echte Lösung war das nicht. Widerstand formierte sich: einerseits gegen den religiösen Zwang, andererseits gegen die Versuche des Kaisers, seine Macht gegenüber den Fürsten – katholischen wie evangelischen – zu stärken. Die Fürsten ahnten, dass sie unter Karls »Universalmonarchie« nur noch wenig zu sagen haben würden. So kam es zu einer Verschwörung. An ihrer Spitze: Moritz, der jetzt frischgebackene Kurfürst von Sachsen. Und da sich Moritz als Machtpolitiker mit Verrat auskannte, sah Karl V. den Schlag nicht kommen: Die protestantischen Fürsten verbündeten sich 1552 mit dem französischen König und schlugen Karl V. in die Flucht. Dessen Bruder Ferdinand versuchte zu retten, was zu retten war. Im Passauer Vertrag einigte er sich mit den protestantischen Fürsten, die sich vor allem das Recht auf freie Ausübung ihres Glaubens garantieren ließen. Diese Rechte wurden 1555 im Augsburger Religionsfrieden bestätigt – und der Fortbestand der reformatorischen Lehren so für alle Zeiten gesichert. Kurfürst Moritz, dessen Ansehen als protestantischer Herrscher im Schmalkaldischen Krieg arg gelitten hatte, stellte seinen Ruf wieder her – und behielt die Kurfürstenwürde. Seine Nachfolger im albertinischen Sachsen stiegen später sogar zu Königen (von Napoleons Gnaden) auf. Moritz' glückloser Cousin Johann Friedrich hatte das Nachsehen: Er durfte zwar noch den Titel »geborener Kurfürst« tragen, aber den Kurfürstentitel nicht mehr an seine Nachkommen weitergeben. Immerhin kam er durch die Verschwörung seines Vetters gegen Karl V. wieder aus der kaiserlichen Gefangenschaft frei und konnte in seine Heimat zurückkehren.

Johann Friedrich rächte sich auf seine Art. Er inszenierte sich als Märtyrer des wahren Glaubens und baute die Universität Jena zur Hochburg des »wahren« lutherischen Bekenntnisses aus. In Jena entstand mit der Jenaer Ausgabe eine viel beachtete Gesamtausgabe der Werke Luthers. Die Theologen der Universität lieferten sich heftige Scharmützel mit ihren Kollegen in Wittenberg, das im »verräterischen« albertinischen Sachsen lag. Und das letztlich mit Erfolg: Jena setzte sich gegen Wittenberg durch. Nach dem Tode Melanchthons, der Luthers Erbe gehütet hatte, gerieten seine Schüler (die »Philippisten«) zunehmend unter Druck – und verloren später jeden Einfluss.

Wer nach Spuren dieser Ereignisse sucht, wird in der Stadtkirche St. Michael in Jena fündig: Hier steht die originale Grabplatte von Martin Luther, die für die Schlosskirche in Wittenberg vorgesehen war. Man hatte sie nach Luthers Tod 1546 angefertigt; doch der im selben Jahr ausbrechende Schmalkaldische Krieg hatte ihre Auslieferung verhindert. 1572 erhielt die Universität Jena sie zum Geschenk. Und die ließ sie in St. Michael anbringen, ihrer Universitätskirche. So zeugt dieses Kunstwerk von den Wirren des Schmalkaldischen Krieges, dem Kampf um den »wahren« Luther und der Bedeutung der Universität Jena – die bis heute über eine der bedeutendsten evangelischen Fakultäten in Deutschland verfügt.

HERDERKIRCHE WEIMAR /// HERDERPLATZ 8 /// 99423 WEIMAR ///
0 36 43 / 85 15 18 /// WWW.EK-WEIMAR.DE/KIRCHEN/STADTKIRCHE.HTML ///

EIN BILD SAGT MEHR ALS TAUSEND WORTE

Die Herderkirche in Weimar

15

Goethe hielt nicht besonders viel von Luther. Interessant sei lediglich sein Charakter, alles andere erschien ihm als »verworrener Quark«. In späteren Lebensjahren urteilte der Dichterfürst etwas milder über die Reformation, aber das änderte nichts mehr an seinem grundsätzlichen Unverständnis für die Religion im Allgemeinen und die lutherische Theologie im Besonderen. So verwundert es nicht, dass die Stadt, die Goethe zu ihrem Hausgott erhoben hat, von den meisten Menschen nicht mit der Reformation in Verbindung gebracht wird. Weimar scheint für den heutigen Betrachter mit Goethe und Schiller überhaupt erst aus dem Nebel der Geschichte getreten zu sein, um für alle Zeiten ein Schicksal als Klassikerstadt und kulturelles Freilichtmuseum zu fristen. Dabei wird leicht übersehen, dass das Städtchen an der Ilm eine ehrwürdige Vorgeschichte und bedeutende Zeugnisse der Reformationszeit zu bieten hat – und an einem Ort wird das besonders deutlich: in der Stadtkirche Sankt Peter und Paul am Weimarer Herderplatz.

Warum gerade hier? Vielleicht lässt sich diese Frage am besten mit drei Namen beantworten, die hier zusammenfinden: Luther, Cranach und Herder. Da ist zunächst Johann Gottfried Herder, nach dem der Platz benannt ist und – im Volksmund – auch die Kirche selbst. Als evangelischer Generalsuperintendent und Dichter steht er, auch wenn er heute nur noch selten gelesen wird, wie kein anderer für die Verbindung zwischen lutherischem Glauben und Weimarer Klassik, zwischen Religion und Literatur. Luther und Cranach stehen wiederum für die beiden Formen reformatorischer Verkündigung: Wort und Bild. Was Luther schrieb und predigte, brachten die Cranachs (Vater und Sohn) mit Holzschnitten und Gemälden auf den Punkt. Und besonders eindrucksvoll ist das dem jüngeren Cranach hier in der Herderkirche gelungen: Im Altargemälde, für das Jubiläum 2017 vorbildlich restauriert, findet man die Reformation, ihre Geschichte und Gestalten auf engstem Raum verdichtet – ein »Luther-Konzentrat« von so großer Intensität und Schönheit, dass sich ein Weimar-Besuch auch für Goethe-Hasser und Luther-Muffel lohnt.

Johann Gottfried Herder war für Weimar so bedeutend, dass man nicht nur den Platz vor der Kirche nach ihm benannte, sondern sogar die Kirche selbst – wenn auch nur inoffiziell

Wer wissen will, worum es bei der Reformation überhaupt geht, bekommt auf der Mitteltafel dieses dreiflügligen Altaraufsatzes einen Schnellkurs in lutherischer Theologie: Im Zentrum steht Christus; er ist für Luther der Mittelpunkt der biblischen Botschaft, der einzige und einzig notwendige Vermittler zwischen Gott und den Menschen – andere Fürsprecher, etwa Maria oder die Heiligen, sind überflüssig und fehlen deshalb auf dem Bild. Aber warum ist Christus so wichtig? Das erläutert das Gemälde auf mehreren Ebenen: Im Hintergrund links erkennen wir den noch unerlösten Menschen. Er ist mit der Ur- oder Erbsünde belastet – was nichts anderes heißt, als dass er egoistisch um sich selbst kreist und immer wieder versucht, sich selbst zum Gott zu erheben. Die Geschichte von Adam und Eva drückt das bildlich aus: Der Mensch isst verbotenerweise vom Baum der Erkenntnis, mit der Absicht, zum Gott zu werden. Wegen dieser Anmaßung wird der Mensch aus dem Paradies vertrieben – oder genauer: Er vertreibt sich selbst aus dem Garten Eden.

Und das hat Folgen: Mit dem Sündenfall kommt der Tod in die Welt, und der Mensch muss sich seine Existenz im Schweiße seines Angesichts sichern. Wegen seiner egoistischen Natur ist er zudem unfähig, die Gebote Gottes (die berühmten Zehn Gebote) vollständig zu erfüllen – und so wird er von Tod und Teufel unweigerlich in die ewige Verdammnis getrieben.

Gibt es aus dieser Situation überhaupt noch einen Ausweg? Ja – und der wird im Hintergrund rechts erläutert: Bei Christi Geburt verkündet der Engel des Herrn den Menschen große Freude: »Fürchtet Euch nicht!«, wie es in der Weihnachtsgeschichte heißt. Denn Gott will den Tod des Sünders nicht. Im Alten Testament gibt er einen Vorgeschmack auf die kommende Erlösung: Als das undankbare Volk Israel sich gegen Gott auflehnt, sendet dieser ihnen Giftschlangen. Viele werden gebissen und sterben. Da bittet Moses um ein Heilmittel – und Gott weist ihn an, eine eherne Schlange auf einem hölzernen Kreuz aufzurichten. Wer immer die Schlange anblicke, werde vom Tode verschont. Moses tut, wie ihm geheißen. Und siehe da: Wer die Schlange anblickt, wird gerettet.

Diese Geschichte wurde schon von den frühen Christen als Vorausdeutung des Kreuzes verstanden: Wer Gott vertraut und auf den Gekreuzigten schaut, wird vom Tode gerettet. Denn indem Christus als Gottes Sohn die Sünden der Welt auf sich nimmt und den Tod stellvertretend für die Menschheit erleidet, werden Gott und Menschen miteinander versöhnt. Dieses Opfer wird durch das Lamm am Fuße des Kreuzes und den Blutstrahl symbolisiert, der auf die Gruppe rechts neben dem Kreuz niedergeht: Dieses Blut wird für das Heil der Menschen vergossen. Weniger theologisch ausgedrückt: Gott macht den Menschen ein Versöhnungsangebot. Christus nimmt die Sünden der Menschen auf sich – und damit gibt es keinen endgültigen Tod mehr, denn der Tod war ja erst durch den Sündenfall des Menschen in die Welt gekommen. Keine Sünde heißt: kein Tod; kein Tod heißt: ewiges Leben. Das drückt die linke Seite des Gemäldes aus: Hier sehen wir, wie der Auferstandene Tod und Teufel für immer besiegt. Die Auferstehung ist also der Auftakt für die Auferstehung aller

Kurfürst Johann Friedrich I., genannt »der Großmütige«, kampfbereit im Harnisch

Menschen zum ewigen Leben. Einzige Bedingung: der vertrauende Glaube. Und den verkörpern die drei Gestalten rechts neben dem Kreuz – Johannes der Täufer, der das Wirken Jesu angekündigt hatte, Luther, der die frohe Botschaft als Prediger verkündigte, und der bärtige Mann, der für alle Gläubigen, auf das Evangelium vertrauende Menschen steht (und der zugleich ein Porträt von Lucas Cranach dem Älteren ist).

Dieser vertrauende Glaube ist das Herzstück des lutherischen Bekenntnisses, das als Rechtfertigungslehre bezeichnet wird. Sie besagt: Der Mensch wird nicht durch eigene Leistungen vor Gott gerecht, er kann sich das ewige Leben nicht verdienen oder erarbeiten. Die Erlösung wird dem Menschen allein durch die Gnade Gottes zuteil und allein durch den Glauben empfangen. Das war die für die Reformation zentrale Botschaft, die Luther im Römerbrief des Apostels Paulus fand: »So halten wir nun dafür, dass der Mensch gerecht wird ohne des Gesetzes Werke, allein durch den Glauben.« (Römer 3,28). Und deshalb wehrte sich Luther gegen alle Formen der mittelalterlichen Leistungsfrömmigkeit, also die Vorstellung, dass man aus eigener Kraft gerecht werden könne durch die Anhäufung guter Werke, die Teilnahme an kirchlichen Zeremonien oder den Kauf von Ablassbriefen. Denn die Menschen »sind allesamt Sünder und ermangeln des Ruhmes, den sie bei Gott haben sollten, und werden ohne Verdienst gerecht aus seiner Gnade durch die Erlösung, die durch Christus Jesus geschehen ist.« (Römer 3,23). Genau das ist auf Cranachs Altargemälde abgebildet. Über Jahrhunderte blieb die dort dargestellte Rechtfertigungslehre der größte Zankapfel zwischen Lutheranern und Katholiken. 1999 einigte man sich schließlich auf eine »Gemeinsame Erklärung« – und es ist schwer zu sagen, was eigentlich sensationeller ist: dass man den wesentlichsten Streitpunkt endlich ausräumen konnte, oder dass die Öffentlichkeit kaum etwas davon mitbekommen hat.

Zwei interessante Details gibt es noch zu entdecken: Da ist zum einen auf dem linken Flügel des Altars der ehemalige Kurfürst Johann Friedrich zu sehen. Wer genau hinschaut, erkennt die Narbe im Gesicht des Kurfürsten, die er sich im Schmalkaldischen Krieg zugezogen hatte. Da ist zum anderen Martin Luther auf der Mitteltafel – und zwar als einziger Reformator. Wo ist Melanchthon, der doch so häufig mit Luther zusammen dargestellt wird? Des Rätsels Lösung hängt mit der Entstehungszeit des Altars zusammen: Nach dem verlorenen Schmalkaldischen Krieg hatte Johann Friedrich die Kurwürde an die Verwandtschaft im albertinischen Sachsen verloren (Seite 81–85). Die Narbe in seinem Gesicht wurde als Zeichen seines »Martyriums« auf allen Darstellungen hervorgehoben. Sie sollte zeigen: Für den Glauben hatte Johann Friedrich Gesundheit, Land und Titel verloren. Der trutzige Luther auf der Mitteltafel steht für das »wahre« lutherische Erbe, das Johann Friedrich verteidigt hatte – gegen die Anhänger Philipp Melanchthons im albertinischen Sachsen. Die zeigten sich nämlich bereit, einen Ausgleich mit den Reformierten in der Schweiz zu suchen, was im ernestinischen Sachsen als Verrat an Luther galt. Das Gemälde macht deutlich: Wir haben vielleicht den Kürzeren gezogen, aber dafür haben wir den wahren Luther. Der Ausgleich zwischen Lutheranern und Reformierten kam übrigens doch noch zustande – allerdings erst 1973.

WORTE UND WAFFEN – ORTE DES KONFLIKTS

ZWEI RITTER IN DER TYPISCHEN BEWAFFNUNG DES 16. JAHRHUNDERTS

LUCAS CRANACH: MARTIN LUTHER ALS »JUNKER JÖRG«.
ZUM ORT DER ENTFÜHRUNG GEHT ES HIER:
LUTHERGRUND BEI STEINBACH /// L 1027 ZWISCHEN STEINBACH UND RUHLA /// 36448 STEINBACH B. BAD SALZUNGEN ///

DER REFORMATOR WIRD ENTFÜHRT

Der Luthergrund bei Steinbach

16

Kommando-Operation, Hinterhalt, Scheinentführung, nächtliche Flucht, falsche Identität, Verkleidung, konspiratives Quartier, Desinformation, militärische Abschirmung – was nach den Zutaten für einen Agententhriller klingt, ist Teil der Reformationsgeschichte. Und schon damals ging es um brisante Fragen: Wie schützt man eine wichtige Person, der die Entführung oder Ermordung droht? Und wie schützt man sie so, dass niemand erfährt, dass diese Person geschützt wird? Film-Fans wissen, wie James Bond und der MI6 dieses Problem in *Man lebt nur zweimal* gelöst haben: durch eine vorgetäuschte Ermordung und Bestattung. Reformationskenner winken bei diesem Trick nur müde ab, denn sie kennen etwas Ähnliches schon von Luthers vorgetäuschter Entführung bei Altenstein, das heute zu Steinbach, einem Ortsteil von Bad Liebenstein gehört.

Als Luther 1521 zum Reichstag nach Worms zitiert wurde, sicherte man ihm »freies Geleit« zu. Das bedeutete, dass ihm auf seinem Wege keine Verhaftung drohte, gleichgültig, welche Konsequenzen sein Auftritt vor Kaiser Karl V. haben würde. Und tatsächlich – der Kaiser hielt sein Wort. Luthers Weigerung, seine Lehren auf dem Reichstag zu widerrufen, brachte ihm die Reichsacht ein: Er war nun vogelfrei, was bedeutete, dass er jedermann schutzlos ausgeliefert war und ermordet werden konnte, ohne dass dies eine Bestrafung des Täters nach sich gezogen hätte. Doch die bürokratischen Mühlen mahlten schon damals langsam: Das kaiserliche Edikt, mit dem das Urteil rechtskräftig wurde, brauchte seine Zeit. Am 8. Mai wurde es ausgefertigt, am 24. Mai verlesen und am 26. Mai von Karl V. unterzeichnet – einen Monat, nachdem Luther aus Worms abgereist war.

Unterdessen war Dramatisches geschehen: Als Luther am 4. Mai 1521 auf seiner Rückkehr von Worms wieder kursächsischen Boden betrat, wurde sein Tross bei der Burg Altenstein von bewaffneten Reitern aufgehalten. Sie zwangen den Reformator, aus dem Reisewagen zu steigen, und trieben ihn vor sich her – bis zur nächsten Wegbiegung, wo ein gesatteltes Pferd auf ihn wartete. Für Luther war das keine Überraschung, ebenso wenig wie für seinen Begleiter Nikolaus

Der genaue Ort von Luthers »Entführung« ist nicht mehr bekannt. Luther selbst erwähnte in einem Brief die Nähe zur Burg Altenstein, die im 18. Jahrhundert zu einem Schloss umgebaut wurde.

von Amsdorf. Doch die übrigen Reisebegleiter waren völlig überrumpelt und berichteten von Luthers Entführung und möglicher Ermordung. Wie ein Lauffeuer verbreitete sich die Nachricht im gesamten Reich. Berühmt geworden ist der Tagebucheintrag des damals knapp 50 Jahre alten Albrecht Dürer, in dem der berühmte Künstler das Geschehen wiedergab und kommentierte. Denn hier wird erfahrbar, was die Menschen jener Zeit für Hoffnungen mit Luther und seiner Lehre verbanden: »O Gott, ist Luther tot, wer wird uns hinfort das heilige Evangelium so klar vortragen? Ach Gott, was hätte er uns noch in zehn oder 20 Jahren schreiben mögen! O all ihr frommen Christenmenschen, helft mir fleißig beweinen diesen gottgeistigen Menschen und ihn bitten, dass er uns einen anderen erleuchteten Mann sende!«

Als Dürer diese Zeilen schrieb, war Luther längst sicher auf der Wartburg untergebracht, wo er unter dem Decknamen »Junker Jörg«

lebte, bewacht von den Soldaten des sächsischen Kurfürsten. Zur Tarnung hatte er sein Aussehen verändert: Statt der Kutte trug er ein weltliches Gewand, Haare und Bart ließ er wachsen; einen Eindruck davon gibt ein Holzschnitt von Lucas Cranach, der Luther nach der Rückkehr aus »Patmos« porträtierte (wie einer der Codenamen für die Wartburg lautete). Das Ziel der Geheimhaltung war offenkundig: Luther sollte für eine gewisse Zeit von der Bildfläche verschwinden. Je mehr Menschen ihn für tot hielten, desto eher würde sich die aufgeheizte Stimmung beruhigen. Das war nicht nur im Sinne Kurfürst Friedrichs des Weisen, der Luthers Schutz übernommen hatte, sondern auch im Sinne des Kaisers. Beide hatten kein Interesse, den theologischen Konflikt zu einer politischen Krise eskalieren zu lassen. So erklärt sich auch die langsame Ausfertigung des Wormser Edikts: Heute geht die Forschung davon aus, dass es eine Abmachung oder zumindest eine stillschweigende Übereinkunft zwischen Kaiser und Kurfürst gab. Dafür spricht außerdem, dass das Edikt dem Kurfürsten nie offiziell zugestellt wurde und damit in Kursachsen rechtlich nicht bindend war. Die »Entführung« im Luthergrund war daher eine Geheimoperation, die vor allem der diplomatischen Entspannung diente: Der Kaiser wahrte sein Gesicht, der Kurfürst tat offiziell nichts Illegales, der streitbare Mönch war aus dem Blickfeld, und die Öffentlichkeit setzte ihre Hoffnung, wie Dürer, in eine Persönlichkeit, die erst noch kommen musste. Für Luther begann eine schwierige, aber sehr produktive Zeit – ihr berühmtestes und vielleicht folgenreichstes Ergebnis ist seine Übersetzung des Neuen Testaments.

Im Umfeld des 300. Reformationsjubiläums 1817 begann man, den vermuteten Schauplatz der Scheinentführung zu einem Erinnerungsort zu gestalten. Als Orientierungspunkte dienten eine Buche, die der Überlieferung nach Luther Schatten gespendet, und eine am Wegesrand entspringende Quelle, die seinen Durst gestillt haben soll. Die Quelle wurde fortan als Lutherborn bezeichnet, der Buche verlieh man den Ehrentitel Lutherbuche. Das gesamte Areal erhielt den Namen Luthergrund, wurde geebnet, von Wildwuchs befreit und diente 1817 als Schauplatz für eine sehr gut besuchte Gedenkveranstaltung.

Nun wäre all das nicht weiter erwähnenswert, wenn die Lutherbuche nicht ein gewisses Eigenleben entwickelt hätte: Es begann schon 1770, als ein Steinbacher Bürger die versehentliche Fällung des Baumes verhinderte, und setzte sich fort, als die Buche 1825 unter mysteriösen Umständen in Flammen stand. Damals gerieten katholische Wallfahrer in den Verdacht, einen heimtückischen Angriff vorgenommen zu haben. Doch die Katastrophe konnte abgewendet werden, natürlich ausgerechnet von den Nachfahren jenes tapferen Steinbachers, der die Buche 55 Jahre zuvor gerettet haben soll. Das inzwischen gramgebeugte, von einer hölzernen Konstruktion gestützte Wahrzeichen stand damit zur 300-Jahr-Feier des Augsburger Bekenntnisses im Jahre 1830 noch zur Verfügung – bevor das Schicksal abermals zuschlug: Ein heftiger Sturm reduzierte den grünen Greis am 18. Juli 1841 auf einen hohlen Stumpf und zahlreiche Trümmerteile, die wenige Tage später unter Wehklagen ins nahe gelegene Steinbach transportiert wurden. Den Zeitgenossen war natürlich aufgefallen, dass der Sturm von apokalyptischen Zeichen begleitet wurde, darunter einer Sonnenfinsternis, die nicht wenigen als Ankündigung einer düsteren Epoche galt.

Und Action: Luthers »Entführung« war eine perfekte Inszenierung

Es war selbstverständlich, dass die zerbrochene Buche unter diesen Bedingungen nicht einfach aus dem Wege geräumt wurde: War der Baum schon zu Lebzeiten um Blätter, Äste oder Holzspäne erleichtert worden, so wurde das Holz jetzt sorgfältig zu Stöcken, Bechern, Kelchen, Salzgefäßen, Tintenfässern, Serviettenringen, Linealen, Stühlen, Statuetten und anderen Alltagsgegenständen verarbeitet, aber auch zu einem Altar und passendem Altargerät. Die internationale Nachfrage nach dem Holz der Lutherbuche war so groß, dass nicht nur eine Reihe wertvoller Geschenke nach Steinbach gelangte, sondern auch eine erhebliche Summe für die Sanierung der Steinbacher Kirche. Wer indes das dürre Bäumchen, das auf historischen Abbildungen erscheint, mit der Masse jener Gegenstände vergleicht, die angeblich aus ihm hergestellt worden sein sollen, wird den Verdacht nicht los , dass die Steinbacher die eine oder andere Buche zur Deckung der Nachfrage zusätzlich gefällt haben.

Der Luthergrund war mit dem Verkauf der Lutherrelikte als Gedenkort nicht überflüssig geworden: Um einen Ersatz für die Lutherbuche zu schaffen, ließ Herzog Bernhard II. von Sachsen-Meiningen 1857 ein Denkmal errichten. Eine Art neogotischer Obelisk, geschützt durch eine ebenfalls neogotische Umzäunung aus Gusseisen, erinnert seitdem an die dramatischen Ereignisse des Jahres 1521 und kann mitsamt dem Lutherborn noch heute besichtigt werden. Auch Baum-Freunde kommen auf ihre Kosten: Einer der vielen Ableger der Lutherbuche wurde 1873 auf dem Lübecker Domfriedhof gepflanzt, eine neue Blutbuche zu Luthers 500. Geburtstag 1983 an die Stelle der alten. So hat auch heute noch jeder Besucher die Gelegenheit, sich seine persönliche Lutherbuchen-Reliquie mit nach Hause zu nehmen – auch wenn man sich aus Gründen des Denkmalschutzes mit abgefallen Blättern begnügen sollte.

DIE MARIENKIRCHE IN MÜHLHAUSEN.
MEHR ZUR STADT ERFÄHRT MAN HIER:
TOURIST INFORMATION /// RATSSTRASSE 20 /// 99974 MÜHLHAUSEN ///
0 36 01 / 40 47 70 /// WWW.MUEHLHAUSEN.DE ///

DAS ANTI-WITTENBERG

Mühlhausen

17

Wenn man heute von der Reformation spricht, gerät leicht in Vergessenheit, dass es *die* Reformation nie gegeben hat. Luther hatte kein Monopol auf die Wiederentdeckung des Evangeliums – wie er selbst bekümmert feststellen musste: Seine Lehren inspirierten andere Geistliche zu eigenem Tun; und das war längst nicht immer im Sinne Luthers. Die Reform der Kirche entwickelte sich zu einem vielstimmigen Konzert, und so gab es statt einer einheitlichen Bewegung zeitweise ganz verschiedene Reformationen. Nun strebte Luther auch nicht danach, an der Spitze einer »Luther-Kirche« zu stehen; ein Personenkult war ihm fremd. Seine Anhänger bat er darum, sich nicht »lutherisch« zu nennen, sondern »Christen« – denn, so sagte er, »was ist Luther?« Die christliche Lehre sei nicht sein Eigentum, er sei auch für niemanden gekreuzigt worden. Und überhaupt: »Wie käme denn ich armer, stinkender Madensack dazu, dass man die Kinder Christi sollte mit meinem heillosen Namen nennen?« Aber eben um die christliche Botschaft (wie er sie verstand) ging es ihm – und da war ihm so mancher Reformator ein Dorn im Auge, der Positionen vertrat, die er für falsch hielt. Und theologisch »falsch« war für Luther und seine Zeitgenossen meist gleichbedeutend mit »vom Satan eingeflüstert«. Entsprechend ruppig ging es zur Sache.

Die Konflikte zwischen Luther und seinen »falschen Brüdern« waren nicht auf einen Ort begrenzt: Als sich der Reformator noch auf der Wartburg verbarg, war Wittenberg Schauplatz einer Reformation, die der Dekan der dortigen Theologischen Fakultät einführte – Andreas Bodenstein, genannt Karlstadt. Zusammen mit Gabriel Zwilling, einem Ordensbruder Luthers, ging er dabei so ungestüm vor, dass es zu Unruhen und einem regelrechten Bildersturm kam, bei dem zahlreiche kirchliche Kunstschätze zerstört wurden. Erst Luthers Rückkehr nach Wittenberg stellte die Ordnung wieder her. Damit war die Angelegenheit jedoch nicht ausgestanden: In Orlamünde, Jena und Kahla geriet Luther noch mit Karlstadt und seinen Anhängern aneinander, bis der umtriebige Theologe seinen Wirkungskreis nach Süddeutschland verlegte.

Mühlhausens schöne Altstadt mit ihren zahlreichen Fachwerkhäusern und ihrer gut erhaltenen Stadtmauer vermittelt noch einen Eindruck vom einstigen Erscheinungsbild im 16. Jahrhundert

Noch größere Schwierigkeiten bereiteten Luther die Entwicklungen in Zwickau, wo man das von Luther verkündete »Priestertum aller Getauften« ziemlich wörtlich nahm. Denn hier predigte jedermann und – welcher Schrecken! – offenbar auch so manche Frau. Schuld waren drei Handwerker, die als Zwickauer Propheten in die Kirchengeschichte eingegangen sind. Mit Karlstadt und vielen anderen verband sie die Vorstellung, dass Gott nicht nur durch die Worte der Bibel zu den Gläubigen sprach, sondern auch direkt – durch den Heiligen Geist. Diese Eingebungen waren natürlich schwer nachzuprüfen: War es wirklich Gott, der hier sprach? Oder der Teufel? Oder irgendeine innere Stimme, die dem Wahnsinn des selbst ernannten Propheten entsprang? Für Luther war die Sache klar: Die »Spiritualisten« (vom lateinischen Wort *spiritus*, Geist) waren in Wirklichkeit »Schwärmer« oder »Schwarmgeister« ohne jegliches theologisches Verständnis – und die prophetischen Eingebungen nichts anderes als

Trugbilder des Teufels, der die Chance sah, die Reformation von innen heraus zu zerstören. Diese Einschätzung schien sich zu bestätigen, als Luther sah, wie Thomas Müntzer seine spiritualistische Theologie mit den Anliegen des Bauernkrieges verband (Seite 107–111). Sengende, mordende und plündernde Aufständische Hand in Hand mit »geisterfüllten« Predigern, die den Umsturz der bestehenden Verhältnisse verkündeten? Das erschien Luther so teuflisch, dass er den Satan selbst am Werke sah.

Wenn man sich deshalb für einen Ort entscheiden müsste, der exemplarisch für die Auseinandersetzungen zwischen Luther und den »Schwärmern« steht, dann würde die Wahl wohl auf Mühlhausen fallen. Denn hier organisierte Müntzer im März 1525 einen Aufstand, der den Rat der Stadt stürzte und durch einen ihm ergebenen *Ewigen Rat* ersetzte. Mühlhausen wurde damit zur Hauptstadt einer völlig anderen Vorstellung von Reformation, zu einer Art »Anti-Wittenberg«: Von hier zog Müntzer im April 1525 mit seinen Getreuen ins Eichsfeld, um selbst an den Kämpfen der Aufständischen teilzunehmen. Und in Mühlhausen endete auch Müntzers Versuch, den in der Offenbarung des Johannes vorausgesagten Anbruch des »Tausendjährigen Reiches« mit Gewalt vorzubereiten. Am 27. Mai 1525 wurde er hier – nach der verlorenen Schlacht bei Frankenhausen – mit 53 seiner Anhänger vor den Toren der Stadt enthauptet.

Mühlhausen bietet heute noch zahlreiche Erinnerungsorte an diese Zeit, was vor allem auf den offiziellen Müntzerkult der DDR zurückzuführen ist. Sehenswert sind vor allem die Kornmarktkirche, die seit 1975 ein Bauernkriegsmuseum beherbergt, die Marienkirche, in der Müntzer predigte, und das Rathaus, in dessen reich verzierter Ratsstube der (nicht allzu) *Ewige Rat* regierte.

DAS LUTHERHAUS IN SCHMALKALDEN.

AUSKÜNFTE ZUR STADT ERTEILT DIE TOURIST-INFORMATION SCHMALKALDEN /// AUER GASSE 6 – 8 /// 98574 SCHMALKALDEN /// WWW.SCHMALKALDEN.COM ///

FESTUNG DES GLAUBENS

Schmalkalden

18

Das schöne Städtchen Schmalkalden leiht gleich drei konfliktreichen Gegenständen seinen Namen: dem *Schmalkaldischen Bund*, dem *Schmalkaldischen Krieg* und den *Schmalkaldischen Artikeln*. In allen drei Fällen ging es um den Schutz der Reformation. Das trifft vor allem auf den *Schmalkaldischen Bund* zu: Denn der war nichts anderes als ein Bündnis evangelischer Fürsten und Städte zur Verteidigung der reformatorischen Lehre. Entstanden war er nach dem Augsburger Reichstag von 1530: Damals hatten die Protestanten dem Kaiser die berühmte *Confessio Augustana* (abgekürzt: CA), das Augsburger Bekenntnis, überreicht. Es stammte von Philipp Melanchthon, Luthers wichtigstem Mitstreiter, und fasste die theologischen Positionen der Reformation in einem ausführlichen Glaubensbekenntnis zusammen.

Die CA ist bis heute die gemeinsame Grundlage aller Kirchen, die sich als »evangelisch« verstehen – aber sie war damals weit mehr als eine bloße theologische Stellungnahme: Faktisch dokumentierte sie den Ungehorsam gegen den Kaiser. Denn eigentlich waren Luther und seine Ansichten ja längst von Kirche und Kaiser geächtet worden, jetzt stellten die Fürsten und Reichsstädte nicht nur die Autorität des Kaisers infrage, sondern forderten auch die offizielle Anerkennung einer Irrlehre. Eine solche Unverschämtheit konnte Karl V. natürlich nicht dulden. Den Protestanten drohte Ungemach – und so schlossen sie sich am 27. Februar 1531 in Schmalkalden zu einem Verteidigungsbündnis zusammen. Der *Schmalkaldische Bund* war geboren, angeführt von den damals mächtigsten evangelischen Fürsten, Landgraf Philipp von Hessen und Kurfürst Johann von Sachsen. Die Bündnispartner kamen überein, sich im Falle eines katholischen Angriffs gegenseitig militärisch zu unterstützen. Man vereinbarte die Aufstellung eines gemeinsamen Heeres, traf Vorbereitungen für den Fall eines Krieges und hielt regelmäßige *Bundestage* in Schmalkalden ab.

Dem *Schmalkaldischen Bund* schlossen sich zahlreiche evangelische Territorien und Reichsstädte an, deren vereinte militärische

Schmalkalden in einem historischen Stich aus der Topographia Hassiae von Matthäus Merian. Schloss Wilhelmsburg (Mitte) ist einer der bedeutendsten Renaissancebauten Mitteldeutschlands.

Macht bis Anfang der 1540er-Jahre einen wirkungsvollen Schutz bot. Tatsächlich wagten es der Kaiser und die katholisch gebliebenen Fürsten vorerst nicht, die Reformation gewaltsam abzuschaffen. Es sollte einige Jahre dauern, bis sich für Karl V. und seine Verbündeten eine Gelegenheit bieten sollte, den Bund endgültig zu zerschlagen (Seite 81–85). Der Reformation aber konnte auch dieser *Schmalkaldische Krieg* (1546–1547) nichts mehr anhaben: Im Jahre 1555 wurde das Augsburger Bekenntnis im Augsburger Religionsfrieden endgültig anerkannt.

Die kriegerischen Auseinandersetzungen wären allerdings nicht nötig gewesen, wenn es schon vorher gelungen wäre, die Glaubensspaltung friedlich anzugehen – und zwar so, wie man Konflikte innerhalb der Kirche seit Jahrhunderten löste: mit einer Zusammenkunft von Vertretern der gesamten Christenheit, bei der alle Fragen diskutiert und schließlich für alle verbindlich entschieden wurden. Versuche gab es: In Vorbereitung auf ein solches Konzil entstanden die *Schmalkaldischen Artikel* zwischen Dezember 1536 und Januar 1537. Martin Luther verfasste sie im Auftrag des sächsischen Kurfürsten, denn Papst Paul III. hatte auf Drängen Kaiser Karls V. endlich zugestimmt, ein Konzil nach Mantua einzuberufen. Auf dieser Kirchenversammlung sollte der Riss, der durch die Kirche ging, endlich gekittet werden – unter Teilnahme der Protestanten. Luther formulierte deshalb in knapper Form die Position der reformatorischen Partei. Er tat dies ohne jede diplomatische Rücksichtnahme – und schuf damit so etwas wie sein theologisches Vermächtnis: Die *Schmalkaldischen Artikel* boten Luthers Theologie in Reinform – kurz, ungefiltert, pur. Auf dem Bundestag 1537 in Schmalkalden kamen diese Artikel dennoch nicht zum Zuge. Dafür machten sie später Karriere in der evangelischen Kirche: als unverfälschtes Zeugnis lutherischer Lehre.

In Schmalkalden lassen sich heute noch zahlreiche Gebäude finden, die mit dem *Schmalkaldischen Bund* und seinen Bundestagen sowie mit Luthers und Melanchthons Aufenthalt in der Stadt verbunden sind – etwa das Lutherhaus, der Hessenhof, das Rathaus oder die Rosenapotheke. Darüber hinaus bietet Schmalkalden Gelegenheit, nach Hessen zu fahren, ohne Thüringen verlassen zu müssen. Denn die Stadt gehörte zum Herrschaftsgebiet der hessischen Landgrafen, was sich bis heute darin bemerkbar macht, dass Schmalkalden zur Evangelischen Kirche von Kurhessen-Waldeck gehört – und nicht zur Evangelischen Kirche in Mitteldeutschland. Dieser Umstand zeigt, dass Traditionen ziemlich zählebig sein können und die Reformationsgeschichte noch immer nicht abgeschlossen ist. Denn wie traditionsbewusst die evangelische Kirche ist, zeigt schon ein kurzer Blick auf die Namen ihrer Landeskirchen, unter denen sich noch andere untote Fürstentümer finden. Kurhessen lebt. Und ein Abstecher nach Schmalkalden lohnt sich – nicht nur für heimwehkranke Hessen.

DIE OBERKIRCHE IN BAD FRANKENHAUSEN MIT IHREM BERÜHMTEN SCHIEFEN TURM. INFOS ZUR STADT ERHÄLT MAN IN DER TOURIST-INFORMATION BAD FRANKENHAUSEN /// ANGER 14 /// 06567 BAD FRANKENHAUSEN /// 03 46 71 / 7 17 17 /// WWW.BAD-FRANKENHAUSEN.DE ///

DAS SCHLACHTHAUS DER REFORMATION

Frankenhausen

19

Zwei Dinge verdunkeln das Ansehen Luthers: seine Schriften gegen die Juden (Seite 77–79) und seine Haltung zu den aufständischen Bauern. Vor allem seine Schrift *Wider die mörderischen und räuberischen Rotten der Bauern* haben Luther den Vorwurf eingebracht, für den Tod Tausender Bauern verantwortlich zu sein oder ihren Tod zumindest billigend in Kauf genommen zu haben. Den Hintergrund dieser Anklagen bilden die Geschehnisse des Bauernkrieges, insbesondere die Schlacht bei Frankenhausen vom 15. Mai 1525.

Im Bauernkrieg entluden sich die sozialen Proteste der einfachen Bevölkerung gegen ihre als ungerecht und unterdrückerisch empfundenen Lebensbedingungen. Luther hatte zunächst Sympathien für die Forderungen der Bauern, und er versuchte auch, die Fürsten zu einem Entgegenkommen zu bewegen. Zwei Gründe führten jedoch dazu, dass er sich zunehmend von den Aufständischen abwandte: Zum einen störte er sich daran, dass die Bauern glaubten, ihre Ziele und Forderungen aus der Bibel ableiten zu können; zum anderen lehnte er jeden Aufruhr gegen die Regierung ab. Dabei berief er sich auf den Apostel Paulus: »Jedermann sei untertan der Obrigkeit, die Gewalt über ihn hat. Denn es ist keine Obrigkeit außer von Gott; wo aber Obrigkeit ist, die ist von Gott angeordnet.« (Römer 13,1). Das bewaffnete Vorgehen der Bauern gegen die Fürsten war für Luther deshalb ein Angriff auf die von Gott gegebene Ordnung, zu der sich Paulus eindeutig geäußert hatte: »Wer sich nun der Obrigkeit widersetzt, der widerstrebt der Anordnung Gottes; die ihr aber widerstreben, ziehen sich selbst das Urteil zu.« (Römer 13,2). Daher stellte sich Luther klar auf die Seite der Fürsten und ermutigte sie, den Konflikt mit den Bauern gewaltsam zu beenden.

Am 15. Mai 1525 lagen sich die Truppen der aufständischen Bauern und der Fürsten bei Frankenhausen gegenüber – etwa 8.000 Aufständische auf der einen, mindestens 6.000 Landsknechte auf der anderen Seite. Die Bauern lehnten die Auslieferung von Thomas Müntzer und anderen Anführern ab und handelten eine Waffenruhe aus – die von den fürstlichen Truppen unter Philipp von Hessen

Eine monumentale Hülle für ein monumentales Kunstwerk: das Panorama-Museum in Bad Frankenhausen, dessen gewaltige Rotunde vom Volksmund als »Elefantenklo« verspottet wurde

und Georg von Sachsen jedoch genutzt wurde, um ihre Truppen und Geschütze besser aufzustellen. Während einer Predigt von Thomas Müntzer brach das vereinigte fürstliche Heer die Waffenruhe und startete einen Überraschungsangriff, der die Aufständischen völlig überrumpelte. Die Landsknechte töteten in der allgemeinen Panik mindestens 6.000 Bauern, die vergeblich versuchten, sich hinter den Stadtmauern in Sicherheit zu bringen. Thomas Müntzer wurde gefangen genommen, verhört, gefoltert und schließlich zwei Tage später hingerichtet.

Der Ort des Gemetzels wurde in der DDR zum Gedenkort aufgewertet, passte er doch gut zur Staatsdoktrin. Denn nach marxistisch-leninistischer Ideologie war die Geschichte der Menschheit eine Geschichte von Klassenkämpfen: Stets hätten die ausgebeuteten Klassen gegen ihre Unterdrücker aufbegehrt; immer wieder sei es deshalb zu Aufständen, Revolten und Umstürzen gekommen – vom Sklavenaufstand des Spartacus bis zur französischen und russischen Revolution. In diesem Geschichtsbild kam dem 16. Jahrhundert eine besondere Rolle zu: Hier habe sich nämlich der Übergang von der »Feudalgesellschaft« zur »frühbürgerlichen Gesellschaft« vollzogen. Und weil jeder Epochenumbruch von revolutionärer Gewalt begleitet worden sei, stand der Bauernkrieg im Mittelpunkt des Interesses. Friedrich Engels persönlich hatte Thomas Müntzer einst zum Vorläufer des Sozialismus stilisiert und ihm den »Fürstenknecht« und »Bauernschlächter« Martin Luther gegenübergestellt. Diese eigenwillige Interpretation war zum Gründungsmythos der DDR geworden, die sich gerne als Happy End der seit Jahrhunderten tobenden Klassenkämpfe betrachtete. Und da die deutsche Geschichte nicht allzu viele historische Revolutionäre zu bieten hatte, musste Müntzer ran, um die »frühbürgerliche Revolution« zu verkörpern.

Die 450. Wiederkehr des Bauernkrieges gab Anlass zu einem der gigantischsten Gedenkprojekte der DDR: Man errichtete in Bad Frankenhausen eine Gedenkstätte, die schon von Weitem zu erkennen war – und deren Ausmaße verständlich machen, warum ihr tortenförmiges Hauptgebäude den Spitznamen »Elefantenklo« trägt. Das Gebäude musste so groß werden, um die eigentliche Attraktion unterzubringen: ein monumentales Panoramagemälde, das sich 14 Meter in die Höhe erstreckt und eine Wandfläche von 123 Metern bedeckt. Das Deckengemälde in der Sixtinischen Kapelle wirkt in seiner Ausdehnung dagegen recht bescheiden – und vermutlich war das der Hintergedanke der Auftraggeber: Was die Pfaffen im Kapitalismus hinbekommen hatten, das mussten entwickelte Persönlichkeiten im Sozialismus doch auf jeden Fall größer schaffen! Und natürlich hatte auch der Sozialismus seinen Michelangelo: Werner Tübke.

Der Meister erhielt den Auftrag, ein Monumentalwerk zum Thema »Die frühbürgerliche Revolution« zu malen. Im Mittelpunkt sollte die Schlacht von Frankenhausen stehen und der Welt den Sieg des Sozialismus eindrucksvoll vor Augen stellen – auch wenn es bei Frankenhausen mit dem Siegen noch nicht so recht geklappt hatte. Also malte Tübke. Er malte, malte und malte. Er malte, verschliss eine ganze Reihe von Assistenten und malte weiter. Die Fläche ist gewaltig, und schon Michelangelo hatte seine Zeit gebraucht. Und Tübke malte

Gedenkstein für Thomas Müntzer, der in der DDR als Revolutionär verehrt wurde

natürlich nicht nur: Er recherchierte auch und ließ die ganze Fülle seines kunsthistorischen Wissens auf die Leinwand fließen. So kamen über 3.000 Figuren zusammen, viele davon Zitate aus den großen Kunstwerken der Renaissance. Die Arbeitslast war gewaltig, die Zeit verging und die Kosten stiegen. Tübkes Bildprogramm wurde immer komplexer. Die Genossen verstanden immer weniger, was genau Tübke da eigentlich malte – aber je länger es dauerte, desto mehr freute man sich, dass Tübke *überhaupt* malte. Das ganze Projekt entwickelte sich zu einem sehr, sehr kostspieligen Unterfangen; irgendwann hofften die Auftraggeber nur noch, dass es überhaupt einmal fertig werden würde.

Tübke malte von 1976 bis 1987, dann war sein Riesengemälde endlich fertig. Die Genossen waren erleichtert, das Ergebnis spektakulär. Nur der Sieg des Sozialismus war irgendwie nicht mehr so richtig zu erkennen: Aus dem Propagandagemälde, das Müntzer und die »frühbürgerliche Revolution«, den Klassenkampf und die historischen Vorkämpfer der DDR zeigen sollte, war ein außerordentlich rätselhaftes Werk geworden. Die Auftraggeber hatten keine Zeit mehr, es zu entschlüsseln. Zwei Jahre später fiel die Mauer, und manche meinen, in der düsteren, apokalyptischen Stimmung des Bildes einen Widerschein der siechenden und schließlich untergehenden DDR erkennen zu können.

Diese Idee ist nicht so weit hergeholt – die Uneindeutigkeit des Gemäldes resultierte auch aus verwirrenden Vorgaben. Bei Engels war das Feindbild noch klar: hier der fortschrittliche Müntzer, dort der reaktionäre Luther. So lautete über Jahrzehnte die offizielle Parteilinie. Doch dann nahte der 500. Geburtstag Martin Luthers im Jahre 1983. Die DDR witterte die Möglichkeit, zwei Fliegen mit einer

Klappe zu schlagen: Das erste war der ständige Mangel an Devisen, das zweite die fehlende internationale Anerkennung des sozialistischen Staates. Wenn man nun genügend Besucher aus dem Westen in die DDR locken konnte – so die Überlegung –, dann würde das nicht nur Westgeld in die Kassen spülen, sondern auch die DDR als Kulturnation weltweit bekannt machen. Der einzige Haken: Welcher Luthertourist wollte schon in ein Land kommen, das Luther als Feind betrachtete? Die SED-Führung entschloss sich deshalb zu einer riskanten Kehrtwende: Luther war nun nicht mehr böse. Allerdings mussten sich dafür Partei und Wissenschaft etwas ausdenken, um zu begründen, warum jetzt richtig sein sollte, was gestern noch völlig falsch war. Das fiel ihnen nicht leicht – und gerade die treuesten Genossen gerieten in Verwirrung.

Wie aber soll man ein Gemälde über die »frühbürgerliche Revolution« malen, wenn Freund und Feind verschwimmen? Am besten so, dass ideologische Veränderungen keine Auswirkungen auf das Gemälde haben können. Wer keine eindeutige Position vertritt, muss später keine ändern: Tübke malte einfach, was er für richtig hielt. Heute sind die Frankenhausener froh, dass sich der Maler mehr für seine künstlerischen Vorstellungen als für die ideologischen Vorgaben der Partei interessiert hatte – ein Triumph des Sozialismus würde heute sicher weit weniger Besucher in ihre Stadt locken. So aber bleibt Tübkes Großgemälde auch im real existierenden Kapitalismus noch immer einen Umweg wert.

SCHLOSS FRIEDENSTEIN /// 99867 GOTHA ///
WWW.STIFTUNGFRIEDENSTEIN.DE /// 0 36 21 / 82 34 -0 ///

VON DER FESTUNG ZUR SCHATZKAMMER

Schloss Friedenstein

20

Die Festung Grimmenstein hatte wenig Glück: In den 1530er-Jahren wurde sie zu einer Verteidigungsanlage des *Schmalkaldischen Bundes* ausgebaut, als Bollwerk der protestantischen Fürsten gegen katholische Angriffe. Genützt hat es nicht viel: Der Schmalkaldische Krieg ging 1547 verloren – und ein Teil der Festung wurde zur Strafe zerstört. 20 Jahre später traf es die Festung noch härter: 1567 bot Herzog Johann Friedrich II. von Sachsen dem Reichsritter Wilhelm von Grumbach hier Unterschlupf, dem zur Last gelegt wurde, er habe den Bischof von Würzburg ermorden lassen. Grumbach und sein Beschützer verfielen der Reichsacht, die von kaiserlichen Truppen mit Waffengewalt durchgesetzt wurde. Bei dieser »Reichsexekution«, wie man solche militärischen Urteilsvollstreckungen nannte, wurde ganz Gotha belagert. Nach mehreren Monaten ergab sich die Stadt; Grumbach wurde gevierteilt, der Herzog gefangen genommen und die Festung zerstört – diesmal vollständig.

Ihre Wiederauferstehung verdankt sie seltsamerweise wieder einem Konflikt, dem längsten und blutigsten, den Deutschland bis dahin gesehen hatte: dem Dreißigjährigen Krieg. 1643 nämlich begann Herzog Ernst der Fromme, eine neue Residenz auf den Fundamenten der alten Festung zu errichten. Er verlieh ihr einen neuen Namen, der dem Schrecken des noch nicht beendeten Krieges und dem Schicksal der alten Festung etwas Hoffnungsvolles entgegensetzen sollte: Aus »Grimmenstein« wurde »Friedenstein«, aus der Festung ein Schloss. Die friedliche Nutzung hatte schließlich Bestand – und die Abneigung gegen jegliche Form der Zerstörung mag dazu beigetragen haben, dass die verschiedenen Herzöge die baulichen Leistungen ihrer Vorväter stets respektierten. Denn aufgrund der Größe des Schlosses war es nicht nötig, die Räumlichkeiten umzubauen – jede Generation baute einfach in einem anderen Teil von Friedenstein die Gemächer, die ihrem Geschmack entsprachen. So hat sich auf Schloss Friedenstein – wie in einer gigantischen Puppenstube – eine Abfolge prunkvoller Interieurs aus verschiedenen Epochen erhalten. Auf diese Weise wird jeder Schlossbesuch zu einer Zeitreise vom 17. Jahr-

Über den weitläufigen Innenhof gelangt man zu den Schätzen von Schloss Friedenstein. Sehenswert ist auch das völlig neu gestaltete Herzogliche Museum am Fuße des Schlossbergs.

hundert bis zum Vorabend des Ersten Weltkriegs. Unter den Wohnräumen befinden sich auch jene, die Albert von Sachsen-Coburg-Gotha für sich und seine Frau einrichten ließ, die wahrscheinlich mächtigste Herrscherin Europas: Victoria, Königin von England und Kaiserin von Indien. So weht die Besucher von Friedenstein nicht nur Reformations-, sondern auch Weltgeschichte an, gewürzt mit einer Prise Zeitgeschichte. Denn das Haus Sachsen-Coburg-Gotha regiert heute noch – seit 1917 allerdings unter dem Namen Windsor.

Das Schloss wird heute von der Stiftung Schloss Friedenstein betrieben, deren größte Herausforderung der Erhalt und die Sanierung des gewaltigen Schlosskomplexes darstellt. Die seit den 1990er-Jahren erzielten Ergebnisse können sich sehen lassen, obwohl das Ensemble trotz millionenschwerer Investitionen noch weit davon entfernt ist, irgendwie fertig zu wirken. Und obwohl das Ensemble vor allem als »barockes Universum« vermarktet wird, bietet es noch zahlreiche Zeugnisse der Reformation: zum einen steinerne Überbleibsel der zerstörten Festung, die Ernst der Fromme beim Aufbau seines Schlosses an den neuen Gebäuden anbringen ließ, zum anderen historische Besonderheiten wie den Stiefel von Kurfürst Johann

Friedrich, den dieser bei der Schlacht von Mühlberg verloren hatte. Im 2014 wiedereröffneten Herzoglichen Museum am Fuße des alten Schlosses finden sich zudem einige Cranach-Gemälde, darunter das berühmte Werk *Verdammnis und Erlösung* aus dem Jahre 1529. Dabei handelt es sich um die vielleicht berühmteste Version eines reformatorischen Lehrbildes, das im 16. Jahrhundert in zahlreichen Varianten verbreitet wurde: die Gegenüberstellung von Gesetz und Evangelium beziehungsweise Gesetz und Gnade (mehr hierzu auf Seite 87–89).

Der Ostflügel der Schlossanlage beherbergt heute die Forschungsbibliothek Gotha, die zur Universität Erfurt gehört und über eine der besten und umfangreichsten reformationsgeschichtlichen Sammlungen der Welt verfügt. Die zahlreichen Lutherbriefe, Flugschriften und Medaillen in ihren Beständen machen sie besonders wertvoll. Und obwohl die Bibliothek sich als Forschungseinrichtung an Fachleute richtet, machen regelmäßige Ausstellungen diese Schätze auch einem breiten Publikum zugänglich.

Wer nach einem Besuch der zahlreichen Schlossräume und Museen, der Schlosskapelle und dem barocken Ekhof-Theater noch nicht genug hat, sollte sich die Stadt Gotha nicht entgehen lassen. Denn auch hier kann man sich auf die Spuren der Reformation begeben: Neben dem Portal des Cranach-Hauses am Markt, das der ältere Cranach 1536 geerbt hatte, findet sich sein markantes Wappen mit der gefiederten Schlange. Auch das Augustinerkloster existiert noch, in dem Martin Luther gewohnt und gepredigt hat.

GUSTAV ADOLF IN DER LITHOGRAFIE »DER FELS DER KIRCHE« EINES UNBEKANNTEN KÜNSTLERS (AUSSCHNITT). MEHR ZUM KÖNIG ERFÄHRT MAN IN DER GUSTAV-ADOLF-GEDENKSTÄTTE /// GUSTAV-ADOLF-STRASSE 42 /// 06686 LÜTZEN ///

DER KÖNIG UND SEINE PAPPENHEIMER

Lützen

Er war ein evangelischer Superstar, ein Kraftkerl und Heilsbringer. Und er war dafür verantwortlich, dass »Gustav« bis ins 20. Jahrhundert hinein einer der beliebtesten Vornamen für Jungen war – im echten Leben und in der Literatur, von Erich Kästners Gustav in *Emil und die Detektive* bis zu Dr. Erika Fuchs' Gustav Gans in den Donald-Duck-Comics. Er war, nach Luther, die zweite Heldenfigur des Protestantismus: König Gustav II. Adolf von Schweden, aus dem Hause Wasa – das die meisten heute nur noch mit Knäckebrot und einem gesunkenen Schiff gleichen Namens in Verbindung bringen.

Die Verehrung des schwedischen Königs hatte handfeste Gründe: Nur weil Gustav Adolf eingegriffen hatte, endete der Dreißigjährige Krieg nicht mit einem Sieg der kaiserlichen Truppen und der flächendeckenden Wiedereinführung des katholischen Glaubens in Deutschland. Mit Luther begann die Reformation, mit dem Ende des Dreißigjährigen Krieges 1648 endeten die gewaltsamen religiösen Konflikte, die durch die Kirchenspaltung ausgelöst worden waren. Mit dem *Westfälischen Frieden* war die Existenz des lutherischen und reformierten Bekenntnisses endgültig festgeschrieben – und seitdem gab es keinen Versuch mehr, die Einheit der Christen in Europa mit Gewalt wiederherzustellen. Die Rettung des evangelischen Bekenntnisses durch den »nordischen Löwen« begründet deshalb bis heute die Popularität des Schwedenkönigs. Aber auch sein tragisches Ende trug – wie bei vielen Stars – zu seinem Nachruhm bei. Denn auch die steilste Karriere findet mal ein Ende: Gustav Adolfs endete in Lützen.

Am 16. November 1632 fand hier, nordöstlich des Ortes, eine der bedeutendsten Schlachten des Dreißigjährigen Krieges statt. Links und rechts der Straße nach Leipzig standen sich an jenem Tag die Truppen Gustav Adolfs und Wallensteins gegenüber. Die Lage schien günstig für den Schwedenkönig: Wallensteins Armee war zahlenmäßig unterlegen, vor allem aber fehlten ihm die Reiterregimenter des Marschalls von Pappenheim, die nach Halle verlegt worden waren. So begann die Schlacht gegen 11 Uhr, als der Nebel sich ver-

Sein Tod bei Lützen machte Gustav Adolf unsterblich: Noch heute lebt der Schwedenkönig in volkstümlichen Souvenirs weiter – und sei es auch nur als Dekoration auf einem Stück Torte.

zogen hatte, mit einem erfolgreichen Angriff der Schweden. Doch die »Pappenheimer« (die durch Schiller in den allgemeinen Sprachgebrauch eingegangen sind) tauchten gerade noch rechtzeitig auf, um Gustav Adolfs Mannen zurückzuwerfen und selbst zum Angriff überzugehen. Als Wallensteins Reiterei die protestantischen Truppen unter Bernhard von Sachsen-Weimar bedrängte, eilte Gustav Adolf ihm mit einem Regiment Småländern persönlich zu Hilfe. Das erwies sich als fatal, denn der kurzsichtige König ritt in Nebel, Rauch und Pulverdampf in die Reichweite kaiserlicher Musketiere. Von ihren Kugeln getroffen, wich der König zurück. Doch der Versuch, ihn in Sicherheit zu bringen, scheiterte: Kurz darauf starb Gustav Adolf im Kugelhagel feindlicher Reiter.

Die Schlacht tobte noch bis Sonnenuntergang, dann befahl Wallenstein einen geordneten Rückzug. Die Schweden wiederum kehrten in ihre Ausgangsstellung zurück; die Schlacht blieb unentschieden. Die Kaiserlichen beklagten den Tod des Marschalls von Pappenheim, die Schweden den Tod ihres Königs – dessen Leichnam man nach der Schlacht, ausgeraubt und entkleidet, in der Nähe eines Findlings fand. Der Tod des Königs grub sich tief ins Bewusstsein der protestantischen Welt. Besonders in Schweden ist Lützen Teil der kollektiven Erinnerung; schwedische Touristen kommen noch heute hierher, um Gustav Adolfs zu gedenken.

Lützen liegt unweit von Leipzig, gehört jedoch noch zu Sachsen-Anhalt. Wer das Mansfelder Land oder Halle an der Saale auf Luthers Spuren erkundet, ist im Handumdrehen hier. Oder genauer gesagt: in Skandinavien. Denn die Gedenkstätte zur Schlacht wirkt wie ein kleines Stückchen Schweden – ein Schweden jenseits von Möbeln, Hotdogs und Imbusschlüsseln. Die Holzhäuschen und die Kapelle, der weite Blick auf das ehemalige Schlachtfeld und das allgegenwärtige Blau-Gelb lassen für einen Augenblick vergessen, dass man sich mitten in Deutschland befindet. Genau diesen Umstand machte man sich 1945 zunutze, um sich die heranrückende Sowjetarmee vom Leibe zu halten: Auf großen Schildern behauptete man keck, dass dieses Fleckchen Erde gar nicht zu Hitlers Deutschem Reich gehöre, sondern exterritoriales Gebiet sei. Also neutrales Schweden. Die List gelang, zu einer zweiten Schlacht bei Lützen kam es nicht.

Das kleine Schweden kann besichtigt werden, wobei die Kirche interessanter ist als die nebenan gezeigte Ausstellung. Wer mehr zu Gustav Adolf und der Schlacht bei Lützen erfahren möchte, sollte das unweit gelegene Schloss in Lützen besuchen, das eine ausführlichere Schau zu diesen Themen bietet.

FREUND UND FEIND – DIE REFORMATION PERSÖNLICH

LUTHER ALS BIBELÜBERSETZER IM KREISE DER WITTENBERGER REFORMATOREN IN EINER ÖLSKIZZE EINES UNBEKANNTEN KÜNSTLERS (NACH EINEM STICH VON GUSTAV KÖNIG)

MELANCHTHONHAUS /// COLLEGIENSTRASSE 60 ///
06886 LUTHERSTADT WITTENBERG /// 0 34 91 / 4 20 31 10 ///
WWW.LUTHERSTADT-WITTENBERG.DE/MELANCHTHONHAUS.HTML ///

PHILIPP MELANCHTHON

Das Melanchthonhaus in Wittenberg

22

Sie waren ein seltsames Paar: Der eine groß, kräftig, charismatisch und von beständig wachsender Körperfülle, in seinem Auftreten und Wesen Ehrfurcht gebietend, dazu angriffslustig, kompromisslos und nicht selten laut, polternd und undiplomatisch. Der andere klein, kränklich und zurückhaltend, von immer schmaler werdender Statur, ein Mann der leisen Töne, ausgleichend und kompromissbereit, friedliebend, vermittelnd und diplomatisch. Eine eigentlich unmögliche Kombination, ein ungleiches Duo, wie es Autoren lieben, wenn sie Zündstoff für burleske Situationen brauchen: Don Quijote und Sancho Panza, Stan Laurel und Oliver Hardy, Miss Piggy und Kermit der Frosch. Und doch war dieses Paar das Dreamteam der Reformation: Martin Luther und Philipp Melanchthon.

Während Luther weithin bekannt ist, steht Melanchthon bis heute in seinem Schatten – dabei hat er der Reformation Form und Anerkennung verschafft. Früheren Generationen war das noch bewusst: In so mancher evangelischen Kirche findet man Luther und Melanchthon im Doppelpack – auf Kirchenfenstern und Gemälden, als Statuen oder Büsten. Die meisten Künstler haben in ihrer künstlerischen Darstellung die Unterschiedlichkeit der beiden Reformatoren hervorgehoben, als stünden sie für unterschiedliche Prinzipien – groß und klein, Kopf und Bauch, dick und dünn, Körper und Geist, hart und zart, handeln und denken. Und tatsächlich lag ihre Stärke in der Symbiose: Luther und Melanchthon ergänzten sich und halfen einander, ihre jeweiligen Schwächen zu kompensieren.

Melanchthon war dabei so etwas wie das »Gehirn der Reformation«, ein Ausnahme-Gelehrter, ein akademisches Wunderkind, ein Wissenschaftler von Weltrang. Er schuf nicht nur die erste systematische Darstellung der reformatorischen Theologie, sondern auch mit der Augsburger Konfession und ihrer Verteidigung (der Apologie) die bis heute gültigen Bekenntnisschriften der evangelischen Kirche. Melanchthon war immer dort zur Stelle, wo diplomatisches Geschick gefragt war – in Verhandlungen und wenn es darum ging, Argumente schriftlich vorzubringen. Wenn Luther über ihn sagte, dass er nicht

Philipp Melanchthon war Luthers wichtigster Mitstreiter. Sein repräsentatives Haus in der Collegienstraße gehört zu den herausragenden Bauwerken der Reformationszeit in Wittenberg.

»so leise treten« könne wie Melanchthon, dann schwang darin mehr Lob als Tadel mit – denn Luther war sich durchaus bewusst, dass ein Disput mit ihm selten mit einer einvernehmlichen Lösung endete.

Berühmt war Melanchthon auch als Vermittler von Bildung und Wissen. Sein unermüdlicher Einsatz für die Wissenschaften, für die Reform der Universitäten und die Gründung von Schulen brachten ihm schon zu Lebzeiten den Ehrennamen *praeceptor Germaniae* (Lehrer Deutschlands) ein. Seine akademischen Fähigkeiten halfen, Wittenberg zu einer der Top-Universitäten Europas zu machen, und seine Meisterschaft im Altgriechischen (auf der sein Spitzname *graeculus*, »das Griechlein« beruhte) spüren wir noch immer: Melanchthon war es, der Luther zur Übersetzung der Bibel anregte; Luther lernte bei ihm Griechisch und holte ihn als Fachmann in sein Übersetzungs-Team – und so verdanken wir auch ihm die deutsche Schriftsprache und ein besseres Verständnis der biblischen Texte.

Doch so erfolgreich die Zusammenarbeit zwischen Luther und Melanchthon für die Reformation sein sollte, so schwierig war die persönliche Beziehung, die sich mit zunehmendem Alter immer weiter verschlechterte. Melanchthon litt unter der wachsenden Kompromisslosigkeit, den Grobheiten und Ausfällen des alternden Reformators. Während ihm die Spaltung der Kirche zu schaffen machte und er sich deshalb bemühte, die Bande zwischen der römischen Kirche und den Schweizer Reformatoren nicht abreißen zu lassen, schienen sich Luthers Positionen immer weiter zu verhärten. Die persönlichen Spannungen blieben jedoch unter der Decke – Luther schätzte Melanchthon viel zu sehr, um es je zu einem Bruch kommen zu lassen.

Kritisch wurde es erst nach Luthers Tod: Melanchthon war ab 1546 die bedeutendste Persönlichkeit im Lager der lutherischen Reformation. Und stand plötzlich im Mittelpunkt des Streits darüber, wie Luthers Erbe richtig zu verstehen und zu verwalten war. Diese Auseinandersetzungen vergällten Melanchthons letzte Lebensjahre, die von einer unglücklichen Entscheidung überschattet waren: Um die Reformation zu retten, hatte er sich nach dem verlorenen *Schmalkaldischen Krieg* (Seite 103–105) zähneknirschend mit dem Augsburger Interim arrangiert. Das gestand den Protestanten bis zu einem endgültigen Konzil einige Sonderrechte zu, forderte aber ansonsten, wieder zu den Bräuchen der römischen Kirche zurückzukehren. Unter den Bedingungen des verlorenen Krieges war das immerhin ein Lichtblick; Melanchthon vertrat überdies die Auffassung, dass es zwar Dinge gab, die vom Evangelium geboten oder verboten waren, alles andere aber im menschlichen Ermessen lag. Bei diesen Mitteldingen (Adiaphora) könne man also Kompromisse eingehen – denn ob ein Pfarrer beim Gottesdienst beispielsweise einen Chorrock trug (wie die Katholiken) oder nicht (wie die Protestanten), war nicht entscheidend für das Seelenheil.

Diese Haltung war umstritten: Melanchthons Gegner sahen darin einen Verrat an der Reformation und ein feiges Zurückweichen vor der Macht des Kaisers. Als sich das Blatt wenige Jahre nach dem Augsburger Interim wieder zugunsten der Protestanten wendete und der *Augsburger Religionsfriede* von 1555 ihre Rechte bestätigte, erwies sich Melanchthons Kompromissbereitschaft als Bumerang – und ruinierte seinen Ruf. Von nun an gaben die Unnachgiebigen und Kompromisslosen wieder den Ton an. Und die schonten Melanch-

Nicht nur Luther ist auf dem Wittenberger Markplatz zu finden, auch Melanchthon bekam sein Denkmal vor dem Rathaus – und das zu Recht: Denn was wäre die Reformation ohne ihn?

thon nicht: Auf dem Totenbett stellte er – ganz Wissenschaftler, der er war – die Vor- und Nachteile des Sterbens in einer Tabelle gegenüber. Zu den Dingen, von denen er durch den Tod erlöst werden würde, zählte der zermürbte Melanchthon auch die »Tollwut der Theologen« *(rabies theologorum)*. 1560 starb er in Wittenberg.

Der Ort seines Lebens und Sterbens gehört heute zu den wichtigsten Sehenswürdigkeiten der Elbestadt – und hat eine eigene Geschichte: Melanchthon war unter den Gelehrten Europas eine Berühmtheit, und es gab nicht wenige Universitäten, die ihn gerne zu ihren Professoren gezählt hätten. Die Vorstellung, an einem anderen Ort zu wirken, war so abwegig nicht: Für Melanchthon, der im lieblichen Südwesten Deutschlands aufgewachsen war, lag Wittenberg am Rande der Zivilisation, inmitten einer reizlosen Landschaft, die keinen genießbaren Wein hervorbrachte – kein Ort also, an dem man sich länger als nötig aufhielt. Der sächsische Kurfürst Johann Friedrich war sich der geografischen Nachteile bewusst und tat alles, um Melanchthon bei Laune zu halten. Um ihn an Wittenberg zu binden, ließ er in der Innenstadt ein repräsentatives Haus für seinen Professor errichten, dessen mächtiger Renaissance-Giebel noch heute von der Wertschätzung des Landesfürsten zeugt.

Dieses Melanchthonhaus existiert noch heute. Im Vorfeld des Reformationsjubiläums wurde es vollständig saniert und um einen modernen Anbau ergänzt, der das historische Gebäude barrierefrei erschließt. Das Haus selbst ist im Inneren weitgehend schmucklos und verrät nur noch wenig über seine historische Bedeutung. Aus diesem Grunde beschloss man schon im ausgehenden 19. Jahrhundert, die Studier- und Sterbezimmer Melanchthons historistisch nachzugestalten. Wie bei den Sterberäumen Luthers im Eisleber Sterbehaus (Seite 53–57) schuf man deshalb eine frei erfundene Möblierung im Stile des 16. Jahrhunderts, die dem Ort eine passende Aura verleihen sollte. Seit der Wiedereröffnung des Melanchthonhauses 2013 sind diese Räumlichkeiten wieder so zu erleben, wie sie im 19. Jahrhundert eingerichtet wurden.

Wie alle zeitgenössischen Bauprojekte in Wittenberg hat auch das Erweiterungsgebäude des Melanchthonhauses einige Kritik auf sich gezogen, obwohl sich der Baukörper bewusst an den Proportionen der umliegenden Häuser orientiert. Die einen bemängeln die Farbe, die anderen die ortsuntypische Klinkerfassade – aber um der Gerechtigkeit Genüge zu tun, sollte man erwähnen, dass das Melanchthonhaus ohne Anbau als Museum gar nicht mehr nutzbar wäre. Und das wiederum wäre schade, befinden sich hier doch die historischen Schätze des Hauses, während das historische Gebäude selbst eine vor allem an Kinder und Jugendliche gerichtete Einführung zur Person Melanchthons bietet. Nicht verpassen sollte man den Garten, der sich hinter Haus und Anbau in Richtung Elbe erstreckt – und ins Bewusstsein ruft, dass damals auch die wohlhabenden Bürger private Landwirtschaft betrieben.

SELBSTBILDNIS VON LUCAS CRANACH D. Ä. GEWOHNT HAT DER KÜNSTLER HIER:

CRANACHHÖFE /// MARKT 4 /// 06886 LUTHERSTADT WITTENBERG /// 0 34 91 / 49 86 -10 (TOURIST-INFORMATION) /// WWW.LUTHERSTADT-WITTENBERG.DE ///

LUCAS CRANACH

Die Cranachhöfe in Wittenberg

23

Gute Ideen brauchen ein gutes Marketing. Wohl dem, der weiß, wie man Ideen ins Bild setzt, die Massen erreicht und aus einer Bewegung eine wiedererkennbare Marke macht – oder einen solchen »Art Director« kennt. Luther hatte dieses Glück: Lucas Cranach der Ältere machte die Reformation sichtbar – auf Flugschriften, Gemälden und Illustrationen. Die Bilder, die wir mit der Reformationszeit verbinden, stammen von ihm – vor allem die Bildnisse Luthers in allen Lebensaltern, ohne die wir keine Vorstellung vom Reformator hätten. Cranach schuf und vermarktete diese Porträts exklusiv und so erfolgreich, dass Luther zum ersten Medienstar der Neuzeit aufstieg. Der Erfolg beruhte auf Gegenseitigkeit: Cranach arbeitete zwar auch für die katholische Seite, etwa für Kardinal Albrecht von Brandenburg (Seite 137–139), aber seinen großen Erfolg verdankte er der Reformation, für die er völlig neue Bildtypen schuf.

Cranach war ein wirtschaftlich sehr erfolgreicher Maler, und die Nachfrage nach seinen Werken überstieg bald die Schaffenskraft des Meisters. Also baute Cranach aus: Er vergrößerte seine Werkstatt, stellte Gesellen ein und schuf so etwas wie eine Gemälde-Manufaktur, die Gemälde wie am Fließband produzierte. Die moderne Vorstellung vom Künstler als einsamem Einzelkämpfer hat mit der historischen Wirklichkeit nicht viel zu tun. Maler waren Kunsthandwerker, die Werkstätten betrieben – je erfolgreicher ein Maler, desto größer die Werkstatt. Um eine große Anzahl von Aufträgen bewältigen zu können, arbeiteten die Werkstätten arbeitsteilig: Der Meister kümmerte sich meist um den Entwurf, wichtige Details und den letzten Schliff, überließ den Großteil aber seinen Mitarbeitern. Deren wichtigste Qualifikation bestand darin, den Stil des Meisters perfekt zu beherrschen; so entstanden im besten Falle Bilder, die trotz der Mitwirkung vieler Hände aussahen wie vom Meister selbst. Lucas Cranach der Ältere und später auch sein Sohn haben diese Technik perfektioniert. Das macht es für die Kunsthistoriker von heute so schwierig, den Urheber eines Werkes zu benennen: War der Meister selbst am Bild beteiligt? Wenn ja, welche Teile des Bildes stammen

Die Cranachhöfe erinnern an eine der erfolgreichsten Maler-Dynastien aller Zeiten. Ohne die Gemälde und Holzschnitte der Cranachs wäre die Reformation wohl nie so populär geworden.

von ihm? Wer waren seine Mitarbeiter? Und wie viele Maler haben am jeweiligen Gemälde mitgewirkt? Die Kunst dieser »Händescheidung« ist eines der schwierigsten und umstrittensten Themenfelder der Kunstgeschichte – und führt in regelmäßigen Abständen zu Zuschreibungen oder Abschreibungen, die erbittert diskutiert werden, weil die Gemälde berühmter Künstler plötzlich erheblich mehr oder weniger wert sind als vorher.

Bei den Cranachs wird es noch ein bisschen komplizierter, weil sie für besonders beliebte Bildtypen Schablonen anfertigten. Bei den verschiedenen Lutherporträts, die sehr häufig nachgefragt wurden, pauste ein Mitarbeiter einfach die Umrisse von Luthers Gesicht mithilfe einer Schablone auf die Leinwand – und musste sich so keine Sorgen machen, dass ihm die Proportionen misslangen. Der Rest war Handwerk. So gelangten die Bildnisse von Luther und Katharina von Bora zu Dutzenden an die Käufer.

Das alles machte die Familie Cranach zu reichen und einflussreichen Leuten. Lucas Cranach der Ältere war in Wittenberg Ratsherr, Kämmerer und Bürgermeister – Posten, die später auch sein Sohn Lucas Cranach der Jüngere ausübte. Augustin Cranach, der Sohn des jüngeren Lucas, setzte diese Tradition fort, und so findet man auch heute noch zahlreiche Spuren der Künstlerfamilie in Wittenberg – vom Altargemälde in der Stadtkirche (Seite 77–79) bis zum Grabmal Lucas Cranachs des Jüngeren in der Schlosskirche (Seite 65–69). Ein baulicher Höhepunkt sind jedoch die Cranachhöfe im Zentrum der Stadt, die Wohn- und Wirkungsstätte der Familie, die man bei einem kleinen Abstecher auf dem Weg zwischen Schlosskirche und Lutherhaus (Seite 47–51) in Höhe des Marktes entdecken kann.

Das gewaltige Werk der Cranachs ist natürlich nicht auf Wittenberg beschränkt, sondern überall im Lutherland zu entdecken: Als man beschloss, dem Reformationsjubiläum 2017 eine Reformationsdekade vorangehen zu lassen, wies man jedem dieser zehn Jahre ein eigenes Thema zu. Das Themenjahr 2015 hieß *Bild und Bibel* und wurde im mitteldeutschen Raum vor allem als Cranach-Jahr verstanden – nicht nur, weil die Cranachs *die* Künstler der Reformation waren, sondern auch, weil sich in jenem Jahr der 500. Geburtstag Lucas Cranachs des Jüngeren feiern ließ. Für Entdeckungsreisende hat das viele Vorteile: Man findet nicht nur viel Neues über den Künstler-Clan, sondern kann ihre Meisterwerke auch in frisch restaurierter Fassung bewundern. Neben bekannten Werken an historischen Schauplätzen hat das Jubeljahr auch eher vergessene Gemälde wieder zum Leuchten gebracht (zum Beispiel Seite 37–41). Eines der wichtigsten Ergebnisse des Jubiläums war jedoch die Wiederentdeckung des jüngeren Lucas Cranach, der stets im Schatten seines Vaters gestanden hatte. Ein Perspektivwechsel, der sich auch für Laien lohnt – und wer die Cranachs schon zu kennen glaubt, kann jetzt jede Menge mehr entdecken!

TURM DER ANDREASKIRCHE HINTER DEM LUTHER-DENKMAL VON RUDOLF SIEMERING. DIE KIRCHE IST NUR EINEN STEINWURF ENTFERNT:

ST.-ANDREAS-KIRCHE /// ANDREASKIRCHPLATZ /// 06295 EISLEBEN /// 0 34 75 / 60 22 29 (GEMEINDEBÜRO) /// WWW.KIRCHE-IN-EISLEBEN.DE ///

GEORG WITZEL

Die St.-Andreas-Kirche in Eisleben

24

Bis heute herrscht die Vorstellung vor, dass die Bevölkerung Mitteldeutschlands einst mit fliegenden Fahnen in Luthers Lager gewechselt sei, um das »Joch des Papsttums« abzuschütteln. Ganz so war es nicht: Hier – wie überall sonst in Europa – gab es Anhänger und Gegner der Reformation. Wir sind es heute in unserer demokratischen und pluralistischen Gesellschaft gewohnt, dass Menschen unterschiedlicher Weltanschauungen friedlich zusammenleben können; aber diese Haltung ist erst über die Jahrhunderte und nach vielen blutigen Erfahrungen gereift. Im 16. Jahrhundert herrschte noch die Auffassung vor, dass es in religiösen Fragen nur *eine* Wahrheit geben könne – und das machte die Dinge für Vertreter abweichender Meinungen recht unerquicklich. Entschied die Obrigkeit, dass die Untertanen katholisch, lutherisch oder reformiert zu sein hatten, blieben Andersdenkenden nur drei Möglichkeiten: Wenn man in einer Grenzregion lebte, konnte man heimlich an Gottesdiensten in einem anderen Herrschaftsgebiet teilnehmen (»Auslaufen« genannt); man konnte das offizielle Bekenntnis zum Schein annehmen und heimlich einer Untergrundgemeinde angehören oder – wenn einem das zu heuchlerisch erschien – alles zurücklassen und auswandern. In Städten war es noch komplizierter: Hier entstanden manchmal Patt-Situationen zwischen den Konfessionen; mal teilte man die Kirchen untereinander auf, mal nutzte man sie gezwungenermaßen gemeinsam – wenngleich zeitlich und örtlich streng voneinander getrennt. Jeder hatte seinen eigenen Altar und versammelte sich in einer anderen Ecke der Kirche.

Eine dieser Simultankirchen, die von Katholiken und Lutheranern besucht wurden, stand ausgerechnet in Luthers Geburtsstadt Eisleben: die Andreaskirche. Grund war die gemeinsame Verwaltung der Stadt durch die Grafen von Mansfeld, deren Familie in unterschiedliche Linien und religiöse Bekenntnisse gespalten war. So musste sich der lutherische Pfarrer Caspar Güttel mit seinem katholischen Kollegen Georg Witzel arrangieren. Und der war empörenderweise nicht nur Katholik, sondern auch ein ehemaliger Lutheraner, der zum

Die Andreaskirche im Herzen Eislebens gehört zu den wichtigsten Sehenswürdigkeiten der Stadt. Gegenüber am Andreaskirchplatz befindet sich das (verwechselte) Sterbehaus des Reformators.

alten Glauben zurückgekehrt war. Und schlimmer noch: Der vom »wahren Glauben« Abgefallene gehörte auch zu den profiliertesten Kritikern Luthers und der Reformation – bis man ihn 1538 aus der Stadt ekelte.

Wenige Jahre später rückte die Andreaskirche wieder ins Zentrum der Aufmerksamkeit: Vom 18. bis zum 20. Februar 1546 wurde Martin Luther hier aufgebahrt, nachdem er in den frühen Morgenstunden des 18. Februar verstorben war. In der Kirche selbst erinnert nicht mehr viel an die beiden Trauergottesdienste, die am 19. und 20. Februar hier stattfanden. Mit Ausnahme der Kanzel: Von ihr hielten damals Luthers alter Freund Justus Jonas und der Mansfelder Hofprediger Michael Coelius die Leichenpredigten – die im »Sterbehaus« (Seite 53–57) ausgestellt sind, das der Kirche direkt gegenüber am Andreaskirchplatz liegt. Die besagte Kanzel ist übrigens dieselbe, von der Luther zum letzten Mal in seinem Leben gepredigt hatte, und schon aus diesem Grunde einen Abstecher wert.

Zwei Jahre nach Luthers Tod erschien ein Buch von einem seiner Erzfeinde, Johannes Cochläus . In dessen Anhang befand sich ein anonymer Bericht über Luthers Tod, der die Ereignisse der Todesnacht, die Aufbahrung in der Andreaskirche und die Überführung von Luthers Sarg nach Wittenberg in einem ziemlich ungünstigen Licht darstellt: Die Hauptbestandteile dieser eher unappetitlichen Schilderung sind ein besoffener und vollgefressener Reformator, ein Apotheker, eine Klistierspritze und ein Leichnam, der trotz frostiger Temperaturen infernalisch stank. Über den oder die Verfasser ist sich die Forschung uneins; wahrscheinlich wurde die Geschichte mehrfach überarbeitet. Möglicherweise lag ihr ein Bericht zugrunde, der aus den katholischen Kreisen Eislebens stammte und später von einem versierten Luther-Hasser ausgeschmückt wurde. Ein Verdächtiger: Georg Witzel.

Ob Witzel tatsächlich mit der Sache zu tun hatte, wird sich vermutlich nie mehr klären lassen. Der Vollständigkeit halber sollte allerdings nicht unerwähnt bleiben, dass Witzel durchaus kein Protestantenfresser war: Als Kaiser Maximilian II. den Thron bestieg, ließ er von Witzel ein Gutachten anfertigen, das die Frage klären sollte, ob und wie Katholiken und Protestanten wieder zueinanderfinden könnten. Diese Frage bewegte den Kaiser außerordentlich, da er selbst den reformatorischen Ideen heimlich zugeneigt war und eine Überwindung der Glaubensspaltung auch aus persönlichen Gründen herbeisehnte. Witzel hielt eine Einigung für möglich, wenn beide Seiten auf radikale Forderungen verzichteten und aufeinander zugingen. Doch zu dieser Einigung ist es bekanntlich nie gekommen. So steht die Andreaskirche als Wirkungsstätte Witzels heute nicht nur für die Auseinandersetzungen der Reformationszeit – sondern auch für die verpassten Gelegenheiten, die Kirchenspaltung zu überwinden.

DOM UND NEUE RESIDENZ /// DOMPLATZ 3 /// 06106 HALLE (SAALE) ///

GEMEINDEBÜRO /// KLEINE KLAUSSTRASSE 6 /// 06108 HALLE (SAALE) /// 03 45 / 2 02 13 79 /// HTTP://WWW.HALLE.DE/DE/KULTUR/TOURISMUS/ SEHENSWERTES/GESCHICHTE-ENTDECKEN/DOM-UND-NEUE-RESIDENZ/ ///

KARDINAL ALBRECHT

Residenz und Dom in Halle

25

Kredite, Krise, Crash – diesen Dreiklang gab es schon im 16. Jahrhundert. Und bekanntlich machen Geld, Gier und Geschäfte auch nicht vor Kirchentüren Halt - sodass die Reformation letztlich auch das Ergebnis eines misslungenen Finanzierungsmodells war. Ausgeheckt wurde der internationale Deal (wie bei Finanzmarktprodukten nicht unüblich) von Personen, die es mit ethisch-moralischen Standards nicht ganz so genau nahmen und die Folgen ihres Tuns nur unzureichend bedachten. Am Ende stand der Crash eines ganzen Systems. Und dafür verantwortlich war unter anderem ein Mann, dessen Reliquiensammlung Luther später als »Abgott von Halle« schmähen sollte und der als einer der bedeutendsten Gegner der Reformation gilt: Kardinal Albrecht von Brandenburg.

Albrecht war ein Sohn des brandenburgischen Kurfürsten Johann Cicero und wurde als Zweitgeborener auf eine geistliche Laufbahn vorbereitet. Er machte schnell Karriere: 1513, mit 23 Jahren wurde er Erzbischof von Magdeburg und Administrator des Bistums Halberstadt, ein Jahr später Erzbischof von Mainz – und damit zugleich einer der sieben Kurfürsten des Heiligen Römischen Reiches. Albrecht war nun einer der mächtigsten Fürsten des Reiches, wenn auch nicht ganz legal: Denn die Anhäufung von kirchlichen Ämtern war verboten, mehr als *ein* Bischofsamt also eigentlich nicht zulässig. Der Papst zeigte sich in solchen Fragen jedoch flexibel, wenn sich der Betreffende um einen Dispens, also eine Ausnahmegenehmigung bemühte. Die war jedoch nicht umsonst zu haben, ebenso wenig wie die Bischofsämter – denn die päpstliche Kurie finanzierte sich zu einem Großteil aus Gebühren. Und da der Bau des Petersdoms in Rom unglaubliche Summen verschlang, drehte die päpstliche Verwaltung kräftig an der Preisschraube.

Ein Bischofssitz war entsprechend teuer. Wer gleich zwei davon haben und die Ämterhäufung legalisieren lassen wollte, musste tief in die Tasche greifen. Selbst für einen Fürsten wie Albrecht war das aus eigenen Mitteln nicht bezahlbar. Also nahm er bei den Fuggern in Augsburg, dem ersten globalen Konzern der Weltgeschichte, einen

Die Reste der Neuen Residenz lassen den ursprünglichen Glanz des Bauwerks nur noch erahnen. Im 16. Jahrhundert war die Fassade an der Wasserseite mit Balkonen und hohen Giebeln geschmückt.

Kredit auf. Um ihn zurückzahlen zu können, vereinbarte er mit Papst Leo X. und den Fuggern einen Deal. Albrecht ließ in seinen Territorien einen päpstlichen Ablass vertreiben; das mit den Ablassbriefen verdiente Geld wurde geteilt: eine Hälfte ging nach Rom, die andere an Albrecht, der damit seine Schulden bei den Fuggern zurückzahlte. Um die Einnahmen zu steigern, beschäftige Albrecht echte Vertriebsprofis, die von Ort zu Ort zogen – darunter auch den Dominikanermönch Johann Tetzel. Über den beschwerte sich bei Kardinal Albrecht 1517 ein Theologieprofessor aus Wittenberg, nachdem er von dessen Verkaufsmethoden erfahren hatte: Und so wurden Martin Luthers 95 Thesen gegen den Ablass zum Startschuss der Reformation.

Kardinal Albrecht hat Spuren hinterlassen, auch wenn es fast so scheint, als wolle man noch immer nicht zu sehr auf sie aufmerksam machen. Wer seinen Fährten folgt, wird am Domplatz in Halle an der

Saale fündig: Hier, abseits des städtischen Trubels, befinden sich der Dom und die Reste von Albrechts Residenz. Beide Bauwerke lassen nur noch in Ansätzen erkennen, welche Pracht sie einst ausstrahlten: Denn den Dom, einstmals eine schlichte Hallenkirche der Dominikaner, ließ Albrecht zu einer der prachtvollsten Renaissancekirchen nördlich der Alpen aus- und umbauen. Davon zeugen heute nur noch die Rundgiebel im Stile der Renaissance, die dem turmlosen Kirchenbau sein charakteristisches Aussehen verleihen – die reiche Innenausstattung, für die Albrecht mit Lucas Cranach und Matthias Grünewald die Stars der damaligen Kunstwelt verpflichtete, wurde leider im 17. Jahrhundert barock und Ende des 19. Jahrhunderts neogotisch umgestaltet. Die beweglichen Schätze hatte Albrecht allerdings schon 1541 bei seinem erzwungenen Abschied aus Halle aus der Stadt schaffen lassen; einige Reste können heute noch in der Stiftskirche St.-Peter-und-Alexander in Aschaffenburg bewundert werden.

Auch bei der neben dem Dom gelegenen Neuen Residenz ist Fantasie gefragt, um sich den Glanz vergangener Tage vor Augen zu führen. Am ehesten gelingt dies, wenn man sich dem Gebäude von der Wasserseite nähert. Vom Mühlgraben, einem Nebenarm der Saale, bietet sich ein durchaus romantischer Blick – und wenn man sich nicht durch das Mauerwerk ablenken lässt, das sich dem Betrachter heute roh, zusammengestutzt und -gestückelt darbietet, dann ahnt man, wie imposant die Westfassade der Residenz gewirkt haben mag: Zwischen dem mächtigen Dom und dem repräsentativen (aber inzwischen abgetragenen) Klaustor gelegen, weiß verputzt, mit hohen Renaissance-Giebeln, Erkern und Balkonen bot das Gebäude noch bis ins 18. Jahrhundert eine spektakuläre Kulisse für allerlei Lustbarkeiten auf der Saale.

Viel ist nicht übrig vom Glanz des Kardinals. Dom und Residenz bleiben dennoch sehenswert – und erinnern daran, dass Albrechts Ablasshandel zwar theologisch fragwürdig war, der Stadt Halle aber auch einen kräftigen Aufschwung und vielen Künstlern pralle Auftragsbücher bescherte.

BURG- UND SCHLOSSMUSEUM ALLSTEDT /// SCHLOSS 8 ///
06542 ALLSTEDT /// 03 46 52 / 51 9 ///

THOMAS MÜNTZER

Schloss Allstedt

26

Jeder Held braucht einen Schurken. Martin Luther und Thomas Müntzer passen in dieser Hinsicht gut zusammen, auch wenn die Rollenverteilung bis heute umstritten ist. Doch gleichgültig, ob man auf der Seite des »sanftlebenden Fleischs zu Wittenberg« steht (Müntzer über Luther) oder zum »Satan von Allstedt« hält (Luther über Müntzer) – es wird schon aus der Wortwahl ersichtlich, dass die beiden Theologen nicht allzu viel voneinander hielten. Und während wir heute den Namen Müntzer vor allem mit Mühlhausen und Bad Frankenhausen verbinden, erinnert der böse Beiname daran, dass Luther und seine Zeitgenossen einen ganz anderen Ort im Sinn hatten, wenn sie an Müntzer dachten – nämlich Allstedt.

Thomas Müntzer hatte ein unstetes Leben geführt, war häufig in Konflikte geraten und stets gezwungen gewesen, sich neue Betätigungsfelder zu suchen. Im Jahr 1523 schien sein Leben nun doch noch in eine ruhigere Phase zu münden: Kurz vor Ostern übernahm er das Pfarramt an der Johanniskirche in Allstedt, wo er mit der ehemaligen Nonne Ottilie von Gersen eine Familie gründete. Müntzer wurde sesshaft und begann an seiner neuen Wirkungsstätte sogleich, die Liturgie zu reformieren: Die Gläubigen sollten die Messe nicht mehr auf Latein, sondern auf Deutsch feiern können. Dafür schuf er eine neue Gottesdienstordnung und deutsche Kirchengesänge – und das mit großem Erfolg. Müntzers Reformen waren ein Meilenstein auf dem Weg zur Entwicklung eines eigenständigen evangelischen Gottesdienstes. Auch Luther wurde von Müntzers Arbeiten beeinflusst, wenngleich er sich in seiner *Deutschen Messe* bewusst von ihm absetzte.

Berühmt aber wurde das Wirken Müntzers in Allstedt durch eine einzige Predigt: Am 13. Juli 1524 kamen der spätere Kurfürst Johann der Beständige von Sachsen und sein Sohn und Nachfolger Johann Friedrich nach Allstedt, um eine Predigt Müntzers zu hören. In dieser Fürstenpredigt auf Schloss Allstedt legte Müntzer die biblische Erzählung vom Traum des Königs Nebukadnezar aus (Daniel 2,1–49). Diese Bibelstelle war mit Bedacht gewählt, geht

Die DDR versuchte, Müntzer zum Vorläufer des »Arbeiter- und Bauernstaats« zu stilisieren. Die Überbleibsel des offiziellen Geschichtsbildes finden sich an vielen Orten Mitteldeutschlands.

es darin doch darum, dass der Prophet Daniel dank einer göttlichen Offenbarung der Einzige ist, der den Traum des Königs richtig deuten kann. Müntzer ließ keinen Zweifel daran aufkommen, dass er sich selbst in der Rolle des Propheten und die Fürsten in der Rolle Nebukadnezars sah. Damit beanspruchte er zugleich, als einer der wenigen Auserwählten direkten Zugang zu den Offenbarungen Gottes zu haben, die den Fürsten – wie dem biblischen König – unverständlich bleiben müssen. Das allein war schon starker Tobak. Aber für die Fürsten kam es noch ärger: Anders als Luther, der mit Paulus den Gehorsam der Christen gegenüber der weltlichen Obrigkeit betonte (Römer 13), sah Müntzer das einfache Volk als »Gottes rechte Schüler« und eigentliche Akteure. Unter Führung eines neuen Propheten werde das einfache Volk die verlotterte Christenheit wieder zum wahren Glauben zurückführen. Die Obrigkeit habe zwar den göttlichen Auftrag, die Gottlosen zu strafen – aber wenn sie ihrer Aufgabe nicht nachkomme, dann dürfe sich der gemeine Mann gegen sie wenden und ihr die Macht nehmen. Müntzer forderte die anwesenden Fürsten deshalb auf, sich den Auserwählten anzuschließen, die (wie der Prophet Daniel) die

Offenbarungen Gottes zu deuten verstünden. Denn die Obrigkeit habe die Wahl: Sie könne ihre Macht zur Reformation des geistlichen Lebens einsetzen – oder müsse damit rechnen, dass sie vom Gottesvolk hinweggefegt werde.

Wenn Müntzer geglaubt haben sollte, dass diese Appelle auf Zustimmung stoßen, die Fürsten ihn als »neuen Daniel« akzeptieren und seine Form der Reformation unterstützen würden, dann hatte er sich mächtig getäuscht. Das Gegenteil war der Fall: Die Fürsten waren empört über so viel Dreistigkeit, und Müntzer musste aus Allstedt nach Mühlhausen (Seite 99–101) fliehen. Seine Meinung änderte er nicht – für Müntzer war klar, dass sich Gottes Wille nicht aufhalten ließ. Wenn sich die Fürsten dagegenstellten, hatten sie die Folgen zu tragen. Die Fronten waren damit abgesteckt: Hier der »Prophet«, der sich auf göttliche Offenbarungen berief und die Reformation mit der breiten Bevölkerung auch gegen die Obrigkeit durchsetzen wollte, dort »Bruder Mastschwein« (wie Luther von Müntzer genannt wurde), der sich auf die Heilige Schrift berief und die Reformation unter dem Schutz der Obrigkeit einführte. Einen Kompromiss konnte es nicht geben und er wurde auch von keiner Seite gesucht. Der blutige Showdown folgte nicht einmal ein Jahr später bei Frankenhausen (Seite 107–111).

Doch trotz der totalen Niederlage, die Müntzer dort erleiden sollte, bleibt Zweierlei mit Allstedt verbunden, das bis in die Gegenwart nachwirkt: Müntzers Einführung der deutschen Sprache in den Gottesdienst und das biblisch begründete Recht des Volkes auf Widerstand gegen die Obrigkeit.

DAS »LANGE HAUS« IST TEIL DES GEWALTIGEN BAUENSEMBLES DER FRANCKESCHEN STIFTUNGEN ZU HALLE /// FRANCKEPLATZ 1 /// 06110 HALLE /// 03 45 / 2 12 74 00 /// WWW.FRANCKE-HALLE.DE/ ///

AUGUST HERMANN FRANCKE

Die Franckeschen Stiftungen in Halle

27

Von der Reformation und Martin Luther wüssten wir heute wahrscheinlich nichts mehr, wenn es nicht immer wieder Menschen gegeben hätte, die ihre Ideen aufgegriffen, wiederbelebt und den sich verändernden Zeiten angepasst hätten. Die Geschichtsbücher lassen die Reformationszeit und das sich anschließende Konfessionelle Zeitalter üblicherweise mit dem Ende des Dreißigjährigen Krieges enden, also in der Mitte des 17. Jahrhunderts. Dass jemand nach den Verheerungen dieses Glaubenskrieges überhaupt noch Interesse für die Reformation aufbringen konnte, erscheint beinahe unverständlich – wenn man sich nicht ins Bewusstsein ruft, dass es jemanden gegeben haben muss, der Luthers Lehren irgendwie an die folgenden Generationen weitergereicht hat. Es lohnt sich daher, genauer hinzuschauen. Und siehe da – es gibt einen Ort im mitteldeutschen »Lutherland«, der so einiges erklärt: zum Beispiel wie man die Reformation reformiert, wie Luthers Ideen nach Amerika kamen und wozu man einen tätowierten Fisch braucht.

Die Rede ist von den Franckeschen Stiftungen in Halle, wobei es korrekterweise »*zu* Halle« heißen muss, denn diese historische Stätte befand sich in ihrer Gründungszeit in Glaucha, direkt vor den Toren der Saalestadt. Dieses Detail ist nicht unwichtig, denn die Existenz der »Glauchaer Anstalten« (wie die Franckeschen Stiftungen einst genannt wurden) beruhte gerade auf der Tatsache, dass man sich nicht innerhalb der Stadtmauern befand, sondern in einer ärmlichen Vorstadt, deren Haupterwerbszweig die Herstellung von Branntwein war. Und da der Schnaps hier nicht nur gebrannt, sondern auch eifrig getrunken wurde, stand es mit dem Ruf des Ortes nicht zum Besten. Auch der Kirchenbesuch ließ sehr zu wünschen übrig – was vor allem den Pfarrer der Glauchaer Georgenkirche wurmte.

Dieser Pfarrer hieß August Hermann Francke und gehörte einer Bewegung innerhalb der evangelisch-lutherischen Kirche an, die von ihren Gegnern als »Pietisten« geschmäht wurde. Das bedeutete so viel wie »Frömmler« (vom lateinischen Wort *pietas* für Frömmigkeit) und bezog sich auf den besonderen Glaubenseifer, der diese

Das »lange Haus« ist das größte Fachwerkgebäude Europas. Waisenhausgründer August Hermann Francke legte Wert auf eine schlichte, zweckmäßige und vor allem kostengünstige Architektur.

Gruppe auszeichnete. Francke selbst hatte als lutherischer Theologe eine Glaubenskrise durchgemacht – und in tiefer Verzweiflung eine Bekehrung erlebt, die sein ganzes Leben veränderte: Ihm und seinen Mitstreitern ging es nun nicht mehr nur darum, das Richtige zu glauben (Orthodoxie), sondern auch, das Richtige zu *tun*: Der wahre Glauben, dessen war sich Francke sicher, zeichnete sich vor allem dadurch aus, dass man zum Wohle seiner Mitmenschen handelte. Und so wurde eine Spende von vier Talern und 16 Groschen, die seine Gemeinde im Jahr 1695 erhielt, zum Ausgangspunkt einer unglaublichen Geschichte.

Für Francke war diese – keineswegs besonders üppige – Spende ein Zeichen. Denn wie alle Pietisten war auch er überzeugt, dass Gott sich nicht nur in der Vergangenheitsform, also in den Geschichten und Worten der Bibel, zeigte, sondern dass er als wahrhaft lebendiger Gott in der Gegenwart waltete und wirkte. Deshalb beschloss er, das Geld für einen guten Zweck anzulegen – Francke gründete ein Waisenhaus. Und weil er fest davon überzeugt war, dass Gott die Seinen nicht verlässt, stieg er gleich groß ein: Er brachte in Erfahrung, wie ein vorbildliches Waisenhaus auszusehen hatte, kaufte ein Grundstück und legte den Grundstein für ein außerordentlich großes und repräsentatives Gebäude. Das Vorhaben war aberwitzig; als wollte man heute mit wenigen Hundert Euro ein großes Krankenhaus errichten. Francke focht das nicht an; er vertraute darauf, dass ausreichend Spenden eingehen würden, sobald die Öffentlichkeit erfuhr, was Gott an diesem gottverlassenen Flecken vorhatte – mit ihm, Francke, als Werkzeug des göttlichen Willens.

Der Plan ging tatsächlich auf: Franckes Vision fand Unterstützer; Stein für Stein wuchs das Waisenhaus in die Höhe, jede Spende wurde sofort in Baumaterial umgesetzt. Francke wartete nicht, bis er die Bausumme zusammenhatte. Er baute einfach los, getragen von dem Vertrauen, dass Gott ihm zur rechten Zeit die nötigen Mittel zukommen lassen würde. Und tatsächlich: Es funktionierte, wenn auch nicht immer pünktlich; wenn die Gläubiger auf der Baustelle erschienen, dann musste er sich – wie er später freimütig zugab – gelegentlich verstecken. Zu seinem Erfolg trug bei, dass Francke ein PR-Genie war, Unterstützer in ganz Europa fand und auch die preußischen Könige für sein Vorhaben begeistern konnte. Hinzu kam sein unermüdlicher Eifer; an der Fassade des Waisenhaus-Gebäudes kann man noch heute den Wahlspruch Franckes lesen, den er beim Propheten Jesaja gefunden hatte: »Die auf den HERRN harren, kriegen neue Kraft, dass sie auffahren mit Flügeln wie Adler, dass sie laufen und nicht matt werden, dass sie wandeln und nicht müde werden.« (Jesaja 40,31).

Mit diesen Eigenschaften und unerschütterlichem Gottvertrauen gelang es Francke, innerhalb weniger Jahre nicht nur ein Waisenhaus zu errichten, sondern eine ganze Schulstadt mit zugehörigen Wirtschaftsbetrieben, deren ebenso imposante wie schmucklose Gebäude noch heute zu bewundern sind. Denn eigentlich ging es Francke gar nicht so sehr um Waisenkinder; ihm ging es um die Errichtung von Schulen für jeden gesellschaftlichen Stand – einschließlich

Die »Francke-Urne« ist eigentlich keine Urne, sondern ein Denkmal für Francke

einer Schule für Mädchen, die Anfang des 18. Jahrhunderts meist gar keine Schulbildung erhielten. Hinter dieser groß angelegten Strategie steckte Kalkül, denn Francke war im Auftrag des Herrn unterwegs: Wenn man Kindern aller gesellschaftlichen Schichten eine erstklassige Ausbildung angedeihen ließ und sie zugleich zu tiefer, pietistischer Frömmigkeit erzog – dann würden diese Kinder als Erwachsene die erlernten Werte an viele andere Menschen weitergeben. Francke verglich seine Anstalten deshalb mit einem Pflanzgarten: Jedes Pflänzchen, das man hegte, würde später Früchte tragen, aus denen wiederum Pflänzchen hervorgingen, die wiederum Früchte trügen … und so weiter. Jede Schülerin, jeder Schüler war also ein Multiplikator – und jede und jeder Einzelne sollte auf diese Weise zum großen Ziel beitragen: der Durchdringung der Welt mit wahrer Frömmigkeit, der »Generalreformation« der Welt.

Und damit wären wir wieder bei Luther: Denn Francke und seine Mitstreiter wollten dort weitermachen, wo die Reformation stecken geblieben war. Luther wollte Bildung für alle? Francke baute Schulen. Luther wollte, dass jeder die Bibel las? Francke gründete mithilfe des Barons Hildebrand von Canstein die *Cansteinsche Bibelanstalt* – die erste Bibelgesellschaft der Welt, die erschwingliche Bibeln druckte. Luther wollte die reformatorischen Ideen überall verbreiten? Francke organisierte die erste protestantische Mission und schickte seine Mitarbeiter in alle Welt – von Indien bis Nordamerika. Luther wollte, dass wahrer Glaube sich in tätiger Nächstenliebe zeigt? Francke baute eine der modernsten Sozialeinrichtungen seiner Zeit auf und schuf ganz nebenbei das, was wir heute noch als »preußische Tugenden« kennen: Denn Franckes Erziehungsideale stießen beim preußischen »Soldatenkönig« Friedrich Wilhelm I. auf begeisterte Zustimmung: Fleiß, Frömmigkeit, Sparsamkeit, Disziplin und gute Ausbildung – bessere Untertanen konnte sich ein Königreich gar nicht wünschen.

Und der tätowierte Fisch? Den gibt es tatsächlich – in einer der Attraktionen der Franckeschen Stiftungen, der Kunst- und Naturalienkammer im Dachgeschoss des historischen Waisenhauses. Diese ist nichts anderes als eine barocke Wunderkammer, die im Zuge des Wiederaufbaus nach der Wende rekonstruiert werden konnte. Ursprünglich war sie lediglich eine Lehrmittelsammlung für den Schulunterricht. Doch die zahlreichen Spenden aus aller Welt, die Mitbringsel der Missionare und der didaktische Eifer des Lehrkörpers sprengten bald das Kämmerlein, in dem sie untergebracht war. So entschloss man sich, den ehemaligen Schlafsaal der Waisenknaben zu einem Schaukabinett umzugestalten: In prachtvoll verzierten Schränken konnte man nun – thematisch gegliederte – Einblicke in die wunderbare Welt der göttlichen Schöpfung (Naturalien) und die schöpferischen Leistungen des Menschen (Kunst) nehmen. Pflanzen und Mineralien, Walknochen und Planetenmodelle, Krokodilbalg und Fakir-Sandale – die Kunst- und Naturalienkammer bot das Universum in Zimmergröße und unendliche Anlässe für »Expeditionen ins Lehrreich«. Das Staunen war das Grundprinzip in dieser Frühform des Museums. Und da störte es auch nicht, dass manches Exponat rätselhaft blieb: Wer hatte den Fisch tätowiert? Wann? Und warum? Dieses Geheimnis ist bis heute ungelöst …

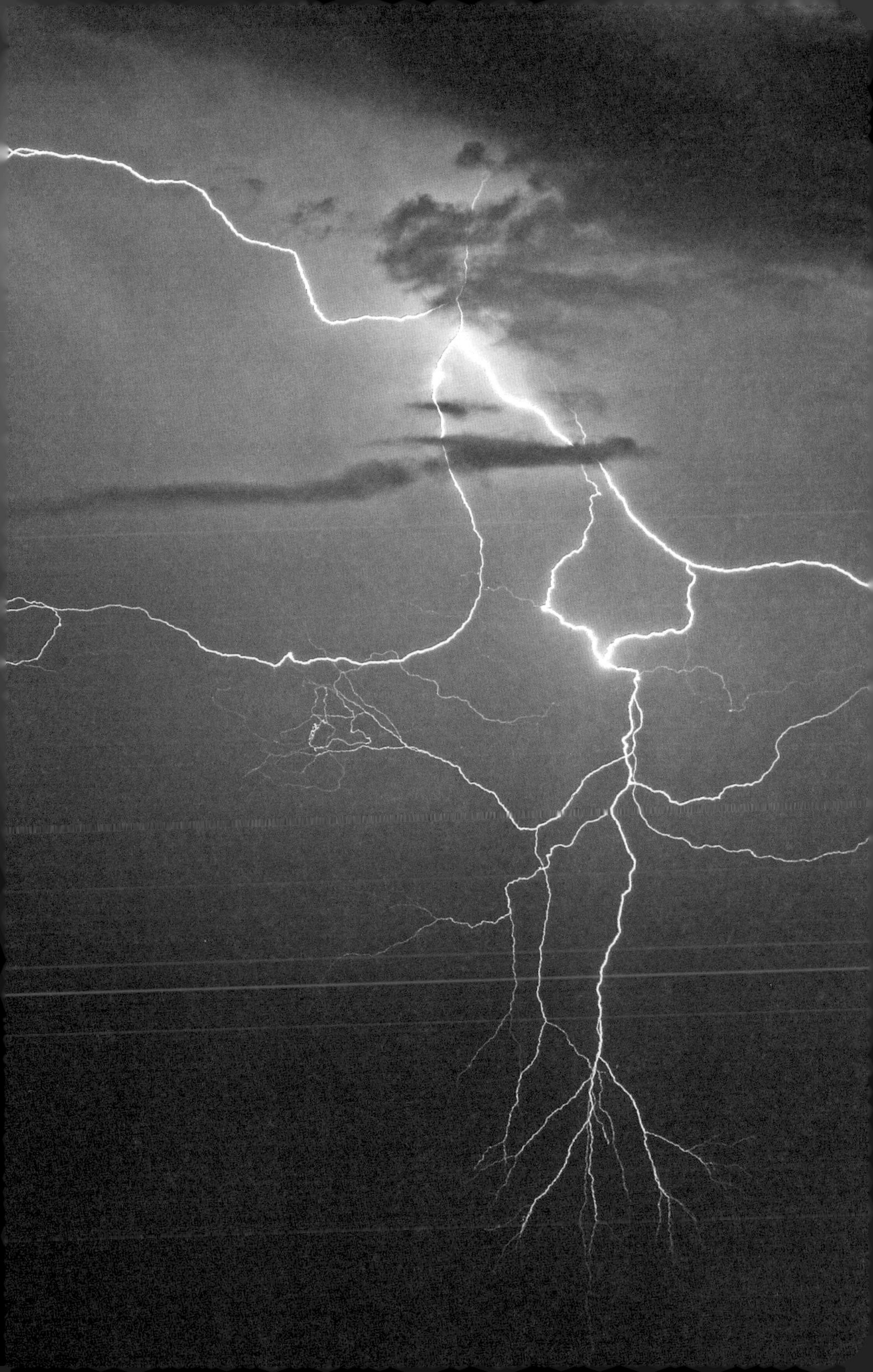

DIE KIRCHE ST. PETER UND PAUL IN STOTTERNHEIM. IN DER NÄHE DES DORFES GERIET LUTHER INS GEWITTER; DEN GEDENKSTEIN FINDET MAN IM LUTHERSTEINWEG /// 99195 ERFURT ///

BLITZARTIGE BEKEHRUNG?

Erfurt-Stotternheim

28

Genies haben Geistesblitze – Einfälle, die über sie hereinbrechen, Zufälle, die ihnen die Augen öffnen, Unfälle, die sie auf den richtigen Weg führen. So oder so ähnlich hat man das schon einmal gehört, und die historische Erfahrung scheint dem Klischee recht zu geben: Saulus fällt auf dem Weg nach Damaskus vom Pferd, hat eine Erscheinung und organisiert als Paulus die christliche Kirche. Archimedes sitzt in der Badewanne und entdeckt dabei – Heureka! – das Prinzip der Verdrängung. Newton schlummert unter einem Baum, wird von einem herabfallenden Apfel getroffen und versteht plötzlich die Gravitation. Und Luther? Der gerät in ein Gewitter, gelobt, Mönch zu werden, und setzt die Reformation in Gang. Schöne Geschichten! Aber eben auch nur Anekdoten, die sich bei genauerer Betrachtung als entweder historisch nicht zutreffend herausstellen oder so stark verkürzt sind, dass sie kaum noch als Wahrheit durchgehen.

Aber wie war das nun mit Luther? Beruht die Reformation tatsächlich auf einem Sommergewitter? Es lohnt sich, etwas genauer hinzusehen: Im Jahre 1505 hatte Luther sein Grundstudium mit dem Titel eines *Magister artium* hinter sich und begann, Jura zu studieren. Er war damals 21 Jahre alt und steckte in einer persönlichen Sinnkrise. Das Studium der Rechtswissenschaft entsprach dem Wunsch des Vaters, nicht Luthers eigenem Interesse; ihn trieben viel existenziellere Fragen um. Und so entwickelten die Dinge ihre eigene Dynamik. Ende Juni 1505 war Luther nach Mansfeld zu seinen Eltern gereist (Seite 33–35). Zwei schwerwiegende Dinge waren zu besprechen: Zum einen plante Luthers Vater, seinen Sohn zu verheiraten, zum anderen wollte Luther seinem Vater offenbaren, wie unzufrieden er mit dem Jurastudium war. Hier bahnte sich ein Konflikt an – und auch wenn wir über das Gespräch zwischen Vater und Sohn nichts Genaues wissen, so kann man sich doch ausmalen, dass es nicht allzu harmonisch verlaufen sein wird.

Entsprechend aufgewühlt machte sich Luther zu Fuß auf den Rückweg nach Erfurt. Für ihn zeichneten sich zwei gänzlich gegensätzliche Lebenswege ab: ein weltlicher, als Jurist mit Frau und Kin-

Der Gedenkstein in Stotternheim erinnert an das legendäre Gewitter und Luthers Gelübde, ins Kloster zu gehen. Wer gut zu Fuß ist, kann von hier auf Luthers Spuren nach Erfurt wandern.

dern, oder ein noch unbestimmter geistlicher, der seinen Interessen und Bedürfnissen in dieser Phase der Orientierungslosigkeit viel eher entsprach. Gefangen in diesen Grübeleien geriet Luther am 2. Juli 1505 nördlich von Erfurt, bei Stotternheim, in ein heftiges Gewitter. Um ihn herum schlugen Blitze ein, das offene Feld bot keinerlei Schutz, und Luther geriet in Panik. In seiner Todesangst rief er die heilige Anna an, die Mutter der Jungfrau Maria, die in dieser Zeit als Retterin bei Lebensgefahr galt: »Hilf Du, St. Anna, ich will ein Mönch werden!« Luther machte sein Gelübde schon am 17. Juli, dem Alexiustag, durch seinen Eintritt ins Kloster wahr – und durch ein Missverständnis entstand die Legende, dass Luther mit einem Freund namens Alexius ins Gewitter geraten sei. Dieser, so führte es die katholische Polemik aus, sei, wie Luther selbst, für sein »lotterbübisches« Leben berüchtigt gewesen – und in Stotternheim vom Blitz erschlagen worden.

Nun hat es Alexius nie gegeben, dafür aber den Schrecken von Stotternheim und das Gelübde, ins Kloster zu gehen. Das nahm Luther sehr ernst, und er betrachtete es als bindend. Aus kirchenrechtlicher Sicht hätte er jederzeit zurücktreten können; seine Freunde drängten ihn dazu, doch Luther blieb hart. Wahrscheinlich hatte ihm das Gewitter tatsächlich zu der blitzartigen Einsicht verholfen, dass der Weg, den ihm sein Vater vorzeichnete, nicht der seine sein konnte. Stotternheim markierte das Ende eines längeren Entscheidungsprozesses – das Gewitter war der Auslöser für seine Lebensentscheidung, nicht die Ursache.

Als Ereignis ist Stotternheim in der Reformationserinnerung fest verankert. Als Reformations*stätte* wurde der vermeintliche Ort des Geschehens allerdings erst spät verstanden: Das Reformationsjubiläum 1917 lieferte schließlich den Anlass zur Errichtung einer Erinnerungsstelle. Der Luthersteinweg außerhalb von Stotternheim führt zu einem Gedenkstein aus rotem Granit, dessen unbehauene Form wohl die Wucht des Ereignisses, vielleicht auch das Unfertige des jungen Luther symbolisieren soll. Die Aufschrift ist für den heutigen Betrachter etwas verwirrend: »Geweihte Erde« heißt es in der ersten Zeile, was für einen lutherischen Gedenkort ungewohnt katholisch klingt. Die zweite Zeile ist nicht weniger rätselhaft: »Wendepunkt der Reformation« – als habe die Reformation an diesem Ort eine andere Richtung eingeschlagen. Gemeint war wohl »Wendepunkt *zur* Reformation«, aber auch das wäre deplatziert, war Stotternheim doch nicht einmal der Startschuss zur Reformation, die nach dem Klostereintritt noch ziemlich lange auf sich warten ließ. Die drei letzten Zeilen machen da schon deutlicher, was eigentlich gemeint ist: »In einem Blitz vom Himmel wurde dem jungen Luther hier der Weg gewiesen.« Das trifft zumindest Luthers eigene Interpretation: Stotternheim als Wendepunkt des Lebensweges, der über den Irrweg des Mönchtums zum richtigen Verständnis der Bibel führte.

GEORGENBURSE /// AUGUSTINERSTRASSE 27 /// 99084 ERFURT ///
WWW.AUGUSTINERKLOSTER.DE/GEORGENBURSE.HTML ///

PILGER MELDEN SICH BITTE IM EV. AUGUSTINERKLOSTER ZU ERFURT,
AUGUSTINERSTRASSE 10 AN. /// 03 61 / 57 66 00 ///

LUTHER: EIN WÜSTLING UND MÖRDER?

Die Georgenburse in Erfurt

29

Wir wissen wenig über den jungen Luther. Was wir wissen, stammt meist von Luther selbst – allerdings liegen oft Jahrzehnte zwischen den Ereignissen und den Erinnerungen; und da das Gedächtnis trügerisch ist, sollten auch Luthers Äußerungen mit Vorsicht genossen werden. Hinzu kommt, dass Luther seine jungen Jahre nicht nur ein wenig verklärt hat (wie viele ältere Menschen), sondern sie später auch im Lichte seiner Entwicklung zum Reformator und seiner späteren religiösen Erfahrungen deutete. Was ihm mit Blick auf seinen geistlichen Weg nicht erwähnenswert schien, blieb ungesagt. Und so fehlen uns viele Informationen über jene Lebensjahre, die für die Persönlichkeitsentwicklung so wichtig sind – die frühe Studienzeit des Reformators.

Das Einzige, was in solchen Informationswüsten gedeiht, sind Spekulationen. Und Luthers Gegnern fiel es nicht schwer, die Lücken zwischen den biografischen Eckpunkten mit eigenwilligen Deutungen zu füllen. Doch während die meisten dieser frühen Verleumdungen längst vergessen sind, hält sich eine immer noch hartnäckig – die Legende von Luther als Wüstling und Mörder. Sie ist schnell erzählt: Ihr zufolge führte Luther ein wüstes Studentenleben, geprägt von Sauftouren und Bordellbesuchen. Im Verlaufe eines Zechgelages sei es zwischen Luther und einem Kommilitonen zu einem Duell gekommen – und das habe ein blutiges Ende gefunden: Während Luther lebensgefährlich am Oberschenkel verletzt worden sei, habe es den Saufkumpan übler erwischt. Luther, so der Vorwurf, habe seinen Mitstudenten im Rausch erstochen. Überwältigt von Schuldgefühlen und um der weltlichen Strafe für die Tat zu entgehen, habe er sich ins Kloster geflüchtet. Die Seelenqualen, die er als Mönch ausgestanden habe, die panische Angst vor Gottes Gericht, die zwanghafte Neigung zu asketischen Bußübungen hätten ihre Gründe in seinem schlechten Gewissen. Und somit sei die Entdeckung der Rechtfertigung des Sünders allein durch den Glauben nichts anderes als der Versuch, die Verantwortung für die verruchte Bluttat zu verdrängen.

Die Georgenburse, in der Luther vermutlich als Student lebte. Von hier aus ist es nur ein Katzensprung bis zum Augustinerkloster und dem Collegium maius der Erfurter Universität.

So weit die Legende. Und was ist dran an dieser Schauergeschichte? Herzlich wenig, bis auf die Degenwunde am Oberschenkel. Die hatte sich Luther versehentlich selbst beigebracht und wäre daran fast verblutet. Dieses Erlebnis trug – wie auch die Pestepidemie, die Erfurt in den Jahren 1504/05 heimsuchte – tatsächlich dazu bei, dass Luther in eine Lebenskrise geriet und sich Gedanken über seinen weiteren Lebensweg machte. Für die Mordgeschichte gibt es übrigens keinerlei Belege, dafür liegt ihr Motiv auf der Hand: Luther sollte nicht nur als moralisch verwerflich dargestellt werden; die Geschichte zielt auch darauf ab, Luthers theologische Erkenntnisse herabzuwürdigen und seine Rechtfertigungslehre als Freibrief für sündhaftes Verhalten zu brandmarken. Kein Mord *von* Luther also, sondern Rufmord *an* Luther.

Luthers Studentenleben hat wenige Spuren hinterlassen. Allerdings hat sich der Ort erhalten, an dem Luther wahrscheinlich während seiner Erfurter Zeit wohnte: die Georgenburse. »Bursen« waren die seit dem Mittelalter üblichen Studentenwohnheime, deren

Betrieb etwas anders funktionierte als heute: Die Studenten zahlten für ihren Platz in der Burse und erhielten im Gegenzug Kost, Logis und Unterricht. Geleitet wurden die Unterkünfte von Magistern, die sich mit diesem Rundumservice ihren Lebensunterhalt verdienten. Sie garantierten die von den Universitäten vorgegebenen Studienordnungen, die mit unserer Vorstellung von studentischer Freiheit wenig zu tun haben. Statt sturmfreier Bude herrschte ein strenges, beinahe klösterlich anmutendes Regiment. Luthers späterer Eintritt ins Kloster war also – was den straffen Tagesablauf betrifft – keine allzu große Umstellung. Und die Frage, warum Luther ausgerechnet in den Orden der Augustinereremiten eintrat, beantwortet sich vor Ort fast von selbst: Die Mönche wohnten gleich nebenan.

Die Georgenburse liegt nämlich nur wenige Meter neben dem Erfurter Augustinerkloster, allerdings so versteckt, dass man sie leicht übersieht: Wer das Kloster hinter sich lässt und der Augustinerstraße Richtung Dom folgt, muss einen kleinen Pfad direkt hinter der Lehmannsbrücke einschlagen, um sie zu finden. Hier, an der idyllisch plätschernden Gera, weist ein Schild mit dem grünen »L« des Lutherweges die Richtung zur Augustinerstraße 27; das Gebäude selbst ist von der Straße aus kaum zu sehen. Die ehemalige Burse beherbergt heute eine Dauerausstellung im Erdgeschoss, deren raffinierte Möblierung den Raum mit wenigen Handgriffen in einen Tagungssaal verwandeln lässt. In Anlehnung an die historische Nutzung des Hauses hat man zudem unter dem Dach Schlafräume für Pilger eingerichtet. Sie werden vom Evangelischen Augustinerkloster bewirtschaftet und erlauben es, Luthers Fußweg von Mansfeld bis Erfurt (über Stotternheim) authentisch nachzuvollziehen: Wer die Reformationsstätten Thüringens als Pilger auf dem Lutherweg erkundet, wird kaum eine passendere (und preiswertere) Unterkunft im Herzen Erfurts finden.

AUF ALBRECHT DÜRERS STICH »RITTER, TOD UND TEUFEL« AUS DEM JAHR 1513 ERKENNT MAN DIE FRÜHNEUZEITLICHE RÜSTUNG EINES RITTERS.

LUTHER INKOGNITO

Der »Schwarze Bär« in Jena

30

Dass Luther eine gewisse Zeit als »Gefangener auf der Wartburg« verbringen musste, gehört zum reformationsgeschichtlichen Allgemeinwissen (Seite 71–75). Aber bei scheinbaren Gewissheiten sollte man misstrauisch werden – und das gilt auch für Luthers angebliche »Schutzhaft« (ein Begriff übrigens, den man nicht verwenden sollte, verharmlosten doch die Nazis mit dieser Bezeichnung die Verschleppung ins KZ). Die theatralische Verhaftung im Luthergrund (Seite 93–97) bedeutete nicht, dass Luther auch unter haftähnlichen Bedingungen leben musste. Im Gegenteil: Er wurde auf der Wartburg nicht nur bestens versorgt, sondern hatte auch volle Bewegungsfreiheit. Und die galt auch außerhalb des Burggeländes. So wissen wir vom Reformator selbst, dass er beispielsweise an einem Jagdausflug teilnahm: Er versuchte dabei, einen jungen Hasen vor den Jagdhunden in Sicherheit zu bringen, indem er ihn in seinem Ärmel versteckte (wenn auch leider vergeblich). Historisch bedeutsamer als diese frühe Form des Tierschutzes ist aber die Tatsache, dass Luther, sobald Haare und Bart zufriedenstellend gewachsen waren, auch unerkannt in Eisenach unterwegs war.

Nun mag es uns heute seltsam verkommen, dass die Gesichtsbehaarung allein ausgereicht haben soll, um den berühmten Mönch unkenntlich zu machen. Aber man sollte bedenken, dass die äußere Erscheinung eines Menschen in jener Zeit durch Gesetze und Verordnungen streng geregelt war: Anders als heute war es keineswegs gestattet, sich zu kleiden, wie man wollte – denn für jeden gesellschaftlichen Stand gab es Bekleidungsregeln, die auch Details bis hin zu Farbe und Qualität der Stoffe festlegten. Wer einen Mönch suchte, hatte deshalb bereits ein klares Bild vor seinem geistigen Auge: Das Haupthaar bis auf einen Haarkranz, die Tonsur, geschoren, das Gesicht glatt rasiert, am Körper den Habit des jeweiligen Ordens, der sich an der Farbe der Kutte und der Form des Gürtels erkennen ließ. Luther bot als Junker Jörg deshalb den genau gegenteiligen Anblick: volles Haar, kräftiger Bartwuchs und die Kleidung eines Ritters, umgürtet mit einem Schwert.

Vom »Schwarzen Bär« ist es nicht weit zum historischen Zentrum von Jena. In der lebendigen Universitätsstadt kann man sich auch heute noch – inkognito – mit Studierenden unterhalten.

Dass diese Tarnung tatsächlich funktionierte, beweist eine Begebenheit aus Jena: Als Luther sich – gegen die Anweisung des Kurfürsten – von Eisenach nach Wittenberg aufmachte, um die dort ausgebrochenen Unruhen unter Kontrolle zu bringen, legte er dort einen Zwischenstopp ein. Im Gasthaus *Schwarzer Bär*, in dem Luther logierte, trafen am 4. März 1522 auch der Schweizer Student Johann Keßler und sein Begleiter Wolfgang Spengler ein. Sie waren auf dem Weg nach Wittenberg und kamen an jenem Abend mit einem Gast ins Gespräch, der sie an seinen Tisch bat und zum Essen einlud. Das Reiseziel der Studenten weckte das Interesse des Fremden, und man diskutierte bald angeregt über Luther, Melanchthon und die reformatorischen Ideen. Was die Schweizer nicht wussten: Der ritterlich gekleidete Fremde war kein anderer als Luther selbst – und sogar als der Gastwirt die Studenten nach dem Essen darauf aufmerksam machte, konnten die beiden nicht glauben, dass sie dem Reformator tatsächlich gegenübergesessen hatten. Erst als sie Luther in Wittenberg in Begleitung der Reformatoren Melanchthon, Jonas und Amsdorf erneut begegneten, war kein Zweifel mehr möglich. So zeigt die Episode aus dem Gasthaus *Schwarzer Bär*, dass Luthers Tarnung nicht nur funktionierte, sondern dass der Reformator auch ziemlich sorglos damit umgehen konnte – selbst wenn andere sein Inkognito auffliegen ließen. Die Geschichte hat übrigens noch einen theologischen Kern, den bibelfeste Leser sicher schon entdeckt haben: Die Begegnung mit dem Fremden, das geistliche Gespräch, das gemeinsame Mahl und die Entdeckung der wahren Identität weisen eine gewisse Ähnlichkeit mit der biblischen Geschichte über die Emmaus-Jünger auf (Lukas 24,13–35). Diese Parallele mag Zufall sein, betonte aber Luthers heilsgeschichtliche Bedeutung und dürfte zur Popularität der Anekdote beigetragen haben.

Das Gasthaus *Schwarzer Bär* gibt es übrigens heute noch, und anders als andere Reformationsorte kann diese Stätte noch im ursprünglichen Sinne genutzt werden: als Hotel und Restaurant. Wer die Aura des historischen Ortes erspüren möchte, dürfte allerdings enttäuscht sein. Das ursprüngliche Gebäude existiert schon seit Jahrhunderten nicht mehr, und die verkehrsreiche Lage am Rande der historischen Altstadt hilft nicht unbedingt dabei, sich ins 16. Jahrhundert zurückzuversetzen. Eine historische Tafel neben dem Eingang des Hotels erinnert immerhin an Luthers Aufenthalt, und das gegenüberliegende Gebäude der Universität Jena ruft die Bedeutung dieser Hochschule für die Bewahrung des reformatorischen Erbes ins Gedachtnis. Dennoch wird hier deutlich spürbar, dass die historische und die touristische Bedeutung eines Ortes nicht immer deckungsgleich sind. Wer der Reformation näherkommen möchte, sollte den *Schwarzen Bären* daher nicht so sehr als Ziel, sondern vielmehr als Ausgangspunkt betrachten – zur Erkundung der Jenaer Innenstadt, insbesondere der Stadtkirche St. Michael (Seite 81–85).

IM THÜRINGER WALD ENTSPRINGEN ZAHLREICHE QUELLEN (ETWA HIER IN APFELSTÄDT). IHRE HEILSAME WIRKUNG ERFUHR LUTHER BEI TAMBACH:

TAMMICHSTRASSE (AM BEGINN DES TAMMICHGRUNDS) ///
99897 TAMBACH-DIETHARZ ///

NIERENSTEIN UND WUNDERWASSER

Der Lutherbrunnen bei Tambach-Dietharz

31

Wer an Luther denkt, hat im Regelfall einen Kraftkerl vor Augen: stiernackig, beleibt, trinkfest und sinnenfroh. Dieses Bild ist nicht ganz falsch, bezeichnete sich doch Luther am Ende seines Lebens selbst als »feisten Doktor« – und dennoch führt die Vorstellung vom robusten Reformator in die Irre: Dick wurde Luther erst mit zunehmendem Alter, und gesund war er eigentlich nie. Als Mönch bot er einen ziemlich ausgemergelten Anblick, gezeichnet von Bußübungen, Fasten und wenig Schlaf. Dieser asketische Eindruck verlor sich spätestens mit der Eheschließung, aber das bedeutete nicht, dass Luther weniger arbeitete oder mehr Rücksicht auf seinen Körper nahm. Die ständige Überarbeitung forderte ihren Tribut, der sich in zahlreichen kleineren und größeren Gebrechen äußerte – hinzu kamen aber zwei Leiden, die Luthers Leben regelmäßig zur Hölle machten: Zum einen litt der Reformator an der Menièreschen Krankheit, in deren Folge ihn heftige Schwindelanfälle überfielen, zum anderen quälten ihn immer wieder Nieren- und Blasensteine.

Das Unangenehme daran ist der lange Weg, den sie vom Ort ihres Entstehens durch das Harnsystem ins Freie nehmen – ein Weg, der für Flüssigkeit gemacht ist, nicht für den Transport spitzer Steinchen. In unseren Zeiten sind Steinleiden kein großes Thema mehr; dank moderner Medizintechnik werden die Übeltäter mit Ultraschall zertrümmert, sodass die Überbleibsel einfach mit dem Urin ausgeschieden werden können. Zu Luthers Zeit gab es jedoch nur zwei Mittel: Man konnte entweder einen chirurgischen Eingriff riskieren oder darauf hoffen, dass die Steine auf natürlichem Wege durch den Harnleiter ausgeschwemmt werden. Die erste Methode war ziemlich riskant und konnte leicht tödlich enden, die zweite war für den Patienten unglaublich schmerzhaft – und auch hier war der glückliche Ausgang keineswegs gewiss.

Auch Luther entging dem Tod nur knapp: Als er 1537 am Bundestag in Schmalkalden teilnahm, der bedeutendsten Versammlung in der Geschichte des Schmalkaldischen Bundes (Seite 103 – 105), quälte ihn ein Steinleiden so heftig, dass der Kurfürst um Luthers Leben

Luther hatte in seiner Not wahrscheinlich keinen Sinn für die umgebende Landschaft. Dafür waren die schlechten Straßenverhältnisse der damaligen Zeit ausnahmsweise segensreich.

fürchtete. Der Reformator litt eine Woche lang heftigste Schmerzen; er war unfähig, Wasser zu lassen, wodurch sein Bauch gewaltig anschwoll. Ein Arzt aus Erfurt und ein Bader aus Waltershausen, die eigens herbeigeholt worden waren, versuchten gemeinsam, den Stein aus Luthers Unterleib herauszuspülen: »Sie gaben mir Tränke, wie wenn ich ein großer Ochse wär gewesen«, beklagte sich Luther später, der noch eine ganze Reihe weiterer, ähnlich rustikaler Behandlungsmethoden über sich ergehen lassen musste. Doch keiner der ärztlichen Kunstgriffe zeigte Wirkung. Die Lage schien hoffnungslos. Der völlig geschwächte Luther schloss mit seinem Leben ab, bat aber darum, ihn nach Gotha zu bringen, da er nicht auf hessischem Boden, sondern in der sächsischen Heimat sterben wollte.

So brach am 26. Februar 1537 schließlich ein Reisewagen gen Gotha auf. Die Reformatoren Bugenhagen, Spalatin und Myconius sowie der Erfurter Arzt Georg Sturz begleiteten den Todgeweihten. Die Reise im ungefederten Wagen war eine Tortur für den ausgezehrten Luther. Die holprige Fahrt auf den vereisten Wegen hatte allerdings eine unerwartete Wirkung: Die dauernden Erschütterungen, die Stöße und Schläge, das Rumpeln und Poltern über Stock und Stein erreichten, was den Ärzte nicht gelungen war: Der Stein, der Luthers Harnröhre verstopft hatte, löste sich – und der Reformator konnte so nicht nur seinen spitzen Quälgeist loswerden, sondern auch die enormen Mengen an Flüssigkeit, die sich über die Tage so schmerzhaft in ihm angestaut hatten.

Luther war in jeder Hinsicht erleichtert. Der Ort Tambach, an dem er von seinem Leiden erlöst wurde, erschien ihm als Ort der Segnung, »an dem mir Gott erschien«, wie er an Melanchthon schrieb. Das Ende der Leiden war jedoch noch nicht erreicht: In Gotha angekommen, überfiel ihn ein erneuter Schwächeanfall, der ihn wieder um sein Leben fürchten ließ. Nachdem er sechs weitere Steine ausgeschieden hatte, ging es ihm immerhin so gut, dass er die Reise fortsetzen konnte. Doch es dauerte noch bis zum 14. März, bis er Wittenberg erreichte – und noch weitere acht Tage, bis er kräftig genug war, um wieder auf eigenen Beinen zu stehen.

Zum 200. Reformationsjubiläum 1717 erinnerte man sich der Überlieferung, dass Luther vor seiner Ankunft in Tambach im Tammichsgrund Rast gemacht und aus einer dort entspringenden Quelle getrunken habe – dem Dambachsborn. Dessen heilende Wirkung machte man – neben den mechanischen Einwirkungen des Reisewagens – für Luthers Genesung verantwortlich. Und so wurde die Quelle in »Lutherbrunnen« umbenannt und mit einer Gedenktafel geschmückt. Der verhalten fließende Brunnen, den man heute noch besuchen kann, ist mit schroffen Steinen ausgekleidet – als habe man Luthers Nierensteinen ein ehrendes Andenken bewahren wollen. Aber auch wenn dies ein Zufall sein sollte: Der Lutherbrunnen bleibt dennoch das einzige urologische Denkmal der Reformation.

K2316 ZWISCHEN WORMSLEBEN UND UNTERRISSDORF (LUTHERWEG, 06295 LUTHERSTADT EISLEBEN) ///

LUTHERS »KALTE STELLE«

Unterrißdorf bei Eisleben

32

Sie ist die wahrscheinlich jüngste, seltsamste und unbekannteste aller Lutherstätten und galt unter Eingeweihten bislang als eher skurriler Erinnerungsort – bis die Forschung auf seine tatsächliche und offenbar tödliche Bedeutung stieß: Die Rede ist von der »kalten Stelle« bei Unterrißdorf, einem Ort an der historischen Wegstrecke zwischen Halle (Saale) und Eisleben, den Besucher nur noch dann zu Gesicht bekommen, wenn sie einen Umweg fahren oder als Pilger auf dem Lutherweg unterwegs sind. Die Stätte selbst ist unscheinbar und – auch wenn man Ausschau hält – leicht zu übersehen. Tatsächlich scheint sie kaum mehr als eine Informationstafel und ein paar Sitzgelegenheiten an einem landschaftlich schön gelegenen Fleckchen zu bieten. Und doch verbindet sich mit diesem Ort ein wichtiges Ereignis in Luthers Leben, dessen Dramatik lange nicht erkannt wurde.

Die Geschichte beginnt im Winter 1545/46: Die Grafen von Mansfeld, Luthers alter Heimat, waren seit Langem zerstritten. Die gemeinsame Verwaltung des Landes kam wegen der zahlreichen Zwistigkeiten beinahe zum Erliegen, und alle Versuche, zwischen den verfeindeten Verwandten zu vermitteln, waren bislang erfolglos geblieben. Nun sollte es der große Sohn der Grafschaft richten: Bei allen Streitparteien genoss Luther Autorität und Ansehen, er kannte Land und Leute, wusste um die Lebensbedingungen der Untertanen, und er hatte, was das Wichtigste war, keine Scheu, auch Fürsten zu ermahnen und ihnen ins Gewissen zu reden. Der Aufforderung, die Verhandlungen zwischen den Grafen als Schlichter zu leiten, konnte und wollte Luther sich daher – auch in alter Verbundenheit zu seiner Heimat – nicht entziehen, aber er fühlte sich krank und überarbeitet. Jahreszeit und Wetter waren ebenfalls ungünstig, die Reise von Wittenberg nach Eisleben im ungeheizten und ungefederten Reisewagen auf verschneiten Straßen langwierig und strapaziös. Trotzdem machte Luther sich am 23. Januar 1546 auf den Weg, begleitet von seinen drei Söhnen und einigen Dienern. Die Reise führte über Bitterfeld nach Halle an der Saale. Hier lebte Justus Jonas, Superintendent von Halle und einer der wenigen engen Freunde, die der im Alter zunehmend

Die »kalte Stelle« sieht für Uneingeweihte aus wie ein gewöhnlicher Rastplatz. Der Hügel im Hintergrund bietet bei klarem Wetter allerdings einen schönen Blick auf Unterrißdorf und Eisleben.

reizbare Reformator noch besaß. Jonas sollte sich der Reisegruppe anschließen und – als gelernter Jurist – Luther bei den Verhandlungen unterstützen. Doch die Weiterreise nach Eisleben verzögerte sich zunächst, weil die Saale über die Ufer getreten war und die vorbeitreibenden Eisschollen die Überfahrt zu riskant machten. Am 28. Januar setzte man schließlich doch unter Lebensgefahr über und erreichte kurz darauf die Grenze zur Grafschaft Mansfeld, wo eine Eskorte von 113 Reitern die Reisegruppe empfing und sie mit geradezu fürstlichen Ehren ins ungefähr 20 Kilometer entfernte Eisleben geleitete.

Bei dem Dorf Rißdorf (dem heutigen Unterrißdorf) lief Luther eine Weile zu Fuß neben dem Reisewagen her, um sich aufzuwärmen. Zurück im Wagen, überwältigten ihn plötzlich Schmerzen in Brust und Arm. Luther überkam ein Gefühl der Beklemmung, kalter Schweiß brach aus allen Poren und er wurde von Schwindel übermannt, bis er schließlich das Bewusstsein verlor. Seine Begleiter gerieten in Panik; der Tod des Reformators schien unmittelbar bevorzustehen, und in großer Eile brachte man den leblosen Luther in sein Eisleber Quartier. Dort wurde er umgehend mit Tinkturen und warmen Tüchern abgerieben, bis er wieder zu sich kam. Zur Erleichterung seiner Gastgeber und Reisegenossen stabilisierte sich sein Zustand, und gegen Abend hatte er sich immerhin so weit erholt, dass er am gemeinsamen Abendessen teilnehmen konnte.

Dieses Ereignis wurde von der Forschung lange ignoriert und als bloße Kreislaufschwäche abgetan. Auch bei den Einheimischen stieß die Geschichte auf wenig Interesse. Erst 1968 las Frithjof Grohmann, damals frischgebackener Pfarrer von Unterrißdorf, Luthers Berichte über die Geschehnisse jenes Tages mit anderen Augen: Denn während Luther die Bewusstlosigkeit für die Folge einer Herzerkrankung hielt, erklärte der Reformator seiner Frau, dass er einen Schwindelanfall erlitten habe, weil ihm plötzlich ein eisiger Wind durch sein Barett gefahren sei und ihm »das Hirn zu Eis« gefroren habe. Dem ortskundigen Pfarrer kam dieser Hinweis bekannt vor: Tatsächlich gibt es bei Unterrißdorf eine meteorologische Merkwürdigkeit, einen »kalten Korridor«, der sich südlich des Dorfes bis nach Eisleben zieht. Wer sich, wie Luther, vom nördlichen Ufer des Süßen Sees dem Dorf nähert, verlässt an der heutigen Lutherwegstation die windgeschützte Eislebener Niederung (auch: Eisleber Mulde), eine 17 Kilometer lange Tieflandmulde zwischen der Mansfelder Platte im Norden und dem Hornburger Sattel im Süden. In dieser Mulde, am Süßen See, herrscht ein mildes Mikroklima, das den Obst- und Weinbau begünstigt. Sie endet just an der »kalten Stelle«, an der ein deutlicher Temperaturunterschied spürbar und anhand von Frostschäden auch sichtbar werden kann. Die Verbindung zwischen dieser »kalten Stelle« und dem Geschehen vom 28. Januar 1546 schien so offensichtlich, dass die Unterrißdorfer dieses Ereignisses seit 1995 jährlich gedenken. Um der Erinnerung einen würdigen Ort zu geben, errichteten sie 1996 – zu Luthers 450. Todestag – zudem eine Gedenktafel und eine Möglichkeit zum Innehalten.

War Luther also Opfer einer klimatischen Besonderheit geworden? Diese Frage stellte sich auch die Wissenschaft, als Luthers letzte Tage in Vorbereitung der neuen Dauerausstellung in Luthers Sterbehaus (Seite 53–57) nach langer Zeit wieder untersucht wurden. Dabei stellte sich heraus, dass das Ereignis an der »kalten Stelle« ganz anders

Wanderer kommen auf dem Lutherweg nach Eisleben auch durch Unterrißdorf

interpretiert werden musste: Luther hatte weder einen einfachen Schwächeanfall erlitten, noch war die eisige Zugluft des »kalten Korridors« für den Anfall verantwortlich. Vielmehr waren der kalte Schweiß und die Schmerzen in Brust und Arm höchstwahrscheinlich Symptome eines Herzinfarktes, den Luther nur knapp überlebte. Die gleichen Symptome – Schmerzen, Schwindel, Kälte – zeigten sich wenige Wochen später noch einmal, kurz vor seinem Tod in Eisleben am 18. Februar 1546. Luther erlitt in jener Nacht, nach wiederholten Brustschmerzen in den vorangegangenen Tagen, zwischen 2 und 3 Uhr morgens einen zweiten Herzinfarkt – nur einen Tag, nachdem er die zerstrittenen Grafen von Mansfeld versöhnt hatte. Der Vorfall bei Rißdorf war daher nichts anderes als der Vorbote von Luthers Tod.

Die »kalte Stelle« ist also durchaus mehr als eine skurrile Anekdote aus dem Leben des Reformators. Ihr Besuch lohnt sich für alle, die Luthers Geburts- und Sterbeort Eisleben gründlicher und abseits der üblichen Pfade erkunden möchten. Heute ist sie auch weit komfortabler zu erreichen als zu Luthers Zeiten: Autofahrer verlassen – aus Richtung Halle (Saale) kommend – die B80 bei Lüttchendorf und halten hinter Wormsleben Ausschau nach einem kleinen Rastplatz auf der rechten Seite. Stilvoller ist jedoch der historische Weg über Seeburg, mit seinem malerisch am See gelegenen Schloss, am nördlichen Ufer des Süßen Sees entlang über Wormsleben; dies ist die Route, die auch Luther 1546 nahm und die heute Teil des Lutherweges ist. Diese schöne Strecke ist nur für (Rad-)Wanderer und Pilger zugänglich und empfiehlt sich für all jene, die neben einer lieblichen Weinbauregion auch den Reiz der historischen Landschaft genießen wollen. Wer dabei besonderen Wert auf Faktentreue und

Authentizität legt, sollte allerdings wissen, dass die historische »kalte Stelle«, die angeblich Luthers Hirn zu Eis fror, und der heutige Erinnerungsort nicht identisch sind. Die Quellen legen nahe, dass Luther seinen Infarkt erlitt, als er Rißdorf bereits verlassen und Eisleben fast erreicht hatte. Die genaue Stelle lässt sich heute jedoch nicht mehr feststellen – und so bleibt jedem Besucher die Freiheit, sich auf dem Weg von Unterrißdorf nach Eisleben seinen eigenen Erinnerungsort zu suchen. Die heutige Lutherwegstation, die an die Ereignisse des 28. Februar 1546 erinnert, verliert durch diese kleine Korrektur dennoch nicht an Reiz: Da sie den Beginn des »kalten Korridors« korrekt markiert und ansonsten nur an Luthers Schicksal erinnern möchte, gibt es keinen Grund, sie an eine andere Stelle zu verlegen. Und so lädt die »kalte Stelle« weiterhin müde Wanderer zum Verweilen ein, bietet bei schönem Wetter eine wunderbare Aussicht auf die Orte des Geschehens, und gibt jedem Besucher die Gelegenheit, eine meteorologische Eigentümlichkeit am eigenen Leibe zu spüren.

MARIENKIRCHE HALLE /// 06108 HALLE (SAALE) ///
03 45 / 5 17 08 94 /// WWW.MARKTKIRCHENMUSIK.DE ///
WWW.MARKTKIRCHE-HALLE.DE ///

LUTHERSCHRECK UND TOTENMASKE

Die Marienkirche in Halle

33

Wenn man einen toten Reformator, eine Wachsfigur, einen Nazi-Wissenschaftler und ein Mordkomplott zu einer Geschichte verbindet, erhält man entweder schlimmen Schund oder eine wahre Geschichte, die bis heute Rätsel aufgibt. Diese wahre Geschichte beginnt im 17. Jahrhundert in Halle (Saale): Wie man aus einem erhalten gebliebenen Zahlungsbeleg weiß, bekam der Künstler Lucas Schöne im Jahre 1663 den Auftrag, eine Wachsmaske von Luthers Gesicht zu bearbeiten. Ob er die Maske in diesem Jahr anfertigte oder nur reparierte, ist unbekannt – wir wissen allerdings, wozu die Maske diente: Denn 1710 erschien eine Beschreibung der Marienbibliothek in Halle, zu deren Sehenswürdigkeiten eine Luther-Wachsfigur gehörte. Das war ungewöhnlicher, als es heute klingt; aber man sollte bedenken, dass Madame Tussaud, die Mutter aller Wachsfigurenkabinette, erst später wirkte (zur Zeit der Französischen Revolution, als es zahlreiche Möglichkeiten gab, sich an Totenmasken zu versuchen).

Der Luther der Marienbibliothek saß an einem Schreibtisch, bekleidet mit Barett und Talar, auf dem Tisch vor sich ein geöffnetes Buch, in einer Hand eine Schreibfeder, die andere flach auf dem Buche liegend. Um die Figur lebensechter zu machen, hatte der Künstler nicht nur Glasaugen und echtes Haar verwendet, sondern offenbar auch eine echte Vorlage: Gesicht und Hände waren nicht einfach frei modelliert, sondern von einem Menschen abgeformt und später nachbearbeitet worden. Besonders seltsam war, dass die Hände wohl mit einiger Mühe in die gewünschte Form gebracht worden waren – was dafür spricht, dass sie von einem Toten, wahrscheinlich nach Eintritt der Leichenstarre abgegossen worden waren. Und das Gesicht? Auch hier ließen Details darauf schließen, dass eine Totenmaske die Grundform gewesen war, der der Künstler mit einiger Mühe ein lebendiges Aussehen verliehen hatte. Aber warum? Und: Wer war der Tote?

Im 18. Jahrhundert war nichts mehr über die Entstehung der Luther-Wachsfigur bekannt. Die offenkundige Abformung ließ allerdings einen Verdacht aufkommen: War es denkbar, dass der Wachsmaske eine echte Totenmaske des großen Reformators zugrunde lag?

Luther machte 1546 noch einmal in Halle Station und predigte in der Marktkirche. Auf seiner letzten Reise begleitete ihn Superintendent Justus Jonas, einer seiner engsten Freunde.

Die Chronisten forschten nach – und siehe da: Luthers Leichenzug hatte vom 20. zum 21. Februar 1546 in Halle Station gemacht; sein Sarg war nachts in der Sakristei der hallischen Marktkirche von den Bürgern der Stadt bewacht worden. Wäre es nicht möglich gewesen, die Gelegenheit zur Abnahme einer Totenmaske zu nutzen? Diese Frage musste unbeantwortet bleiben, aber das Interesse an der Maske wurde im Umfeld von Luthers 400. Geburtstag im Jahre 1883 erneut entfacht, als die Gemeinde begann, eine Gipsversion der Wachsmaske als Souvenir zu vertreiben. Dabei stieß man zwar auf Interesse, bemerkte aber auch ein gewisses Akzeptanzproblem – das vor allem darin bestand, dass der Wachs-Luther dem von Bildern und Zeichnungen bekannten Luther überhaupt nicht ähnlich sah. Das war umso seltsamer, als der hallische Maler Lucas Furtenagel am 19. Februar 1546 ein sehr präzises Porträt des toten Reformators angefertigt hatte, das von der Cranach-Werkstatt in Wittenberg (Seite 129–131) in zahlreichen Gemälden verbreitet wurde. Stammte die Vorlage für den Wachs-Luther vielleicht gar nicht von Luther selbst?

Diese Frage wurde 1926 dem Hallenser Arzt und Anthropologen Hans Hahne vorgelegt. Hahne beantwortete sie experimentell: Er verschaffte sich eine Kopie der Wachsmaske, entfernte alle Teile, die er als »Verschlimmbesserungen« des 17. Jahrhunderts zu erkennen glaubte, und schuf eine »Rekonstruktion« der Originalmaske. Seine These: Von Luthers Leichnam sei tatsächlich eine Totenmaske abgenommen worden. Lucas Schöne habe sie jedoch im 17. Jahrhundert verhunzt, als er versucht habe, aus dem Antlitz des toten Reformators eine Wachsfigur anzufertigen, die den lebendigen Luther darstellen sollte. Die »Rekonstruktion« Hahnes zeigte eine neue Version, die der Zeichnung des Verstorbenen von Lucas Furtenagel erstaunlich nahekam. Der Fall schien damit gelöst. Die Kirchengemeinde, die die Wachsfigur in der Marktkirche zeigte, geriet damit in Zugzwang. Sie stand ohnehin in der Kritik, erregte der Anblick des wächsernen Reformators doch immer wieder die Gemüter – die inzwischen als »Lutherschreck von Halle« bekannte Figur ließ wegen ihres eigentümlichen Gesichtsausdrucks so manchen Besucher schaudern.

Zu den erbittertsten Kritikern der Schöne-Version gehörte Mathilde Ludendorff: Sie war die Frau von Erich Ludendorff, der mit Paul von Hindenburg im Ersten Weltkrieg die Oberste Heeresleitung gebildet hatte, nach dem Krieg in rechtsextremen Kreisen verkehrte und wegen seiner Unterstützung des Hitler-Putsches von 1923 verurteilt worden war. Wie ihr Mann war auch Mathilde Ludendorff von rechtsradikalen Verschwörungstheorien besessen – und so machte sie Juden und Freimaurer für ein angebliches jahrhunderteübergreifendes Mordkomplott gegen deutsche Geistesgrößen verantwortlich, dem neben Luther auch Mozart zum Opfer gefallen sei. Die »Lutherschreck«-Figur sei Teil dieses perfiden Plans, gedacht, das Ansehen des Reformators in den Schmutz zu ziehen.

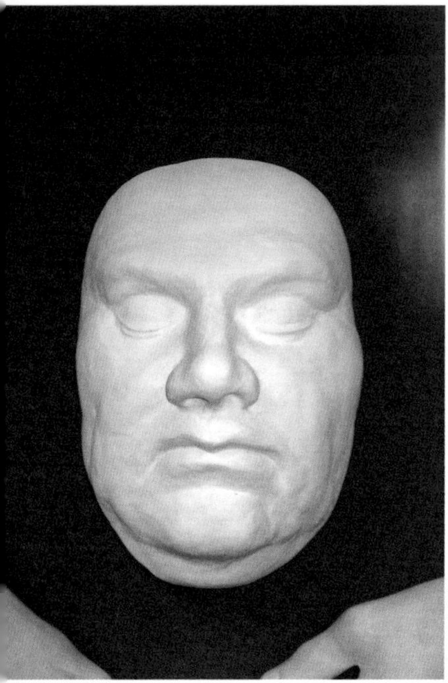

Die »rekonstruierte« Totenmaske des Nazi-Anthropologen Hans Hahne

Die historische Wachsfigur verschwand nach der Machtergreifung der Nazis aus der Marktkirche. Es ist nicht klar, ob Hans Hahne dabei seine Hand im Spiel hatte, aber weltanschaulich waren Mathilde Ludendorff und er nicht weit voneinander entfernt: Denn Hahne war ein Nazi der ersten Stunde, dazu als Anthropologe ein eifriger Vertreter der »Rassenkunde«. Und auch seine Untersuchung der Wachsmaske folgte den Regeln dieser Pseudo-Wissenschaft: Hahne ging es nicht darum, die Echtheit der Maske zu untersuchen – ihm dienten Luthers (angebliche) Gesichtszüge zur Bekräftigung seines rassistischen Weltbilds. Und so folgerte Hahne aus seinen kruden Interpretationen – etwa über die Ohren mit ihren »charaktervollen Läppchen« – dass in der Wachsmaske »eindeutig Luther erkennbar« sei. Seine »Rekonstruktion« der Maske verlief ebenso unwissenschaftlich. Hahne modellierte das, was er ohnehin schon zu wissen glaubte – und bekannte offen, dass er sehr frei vorgegangen sei, ihm bei der Rekonstruktionsarbeit »Ehrfurcht und Liebe« die Hand geführt hätten und das Ergebnis eigentlich eine Idealisierung darstelle. Dass das Ergebnis am Ende genau dem gezeichneten Totenbildnis von Lucas Furtenagel entsprach, verwundert da kaum noch.

Sind damit also alle Fragen offen? Nicht ganz. Jüngste Untersuchungen haben den Fall noch einmal aufgerollt – und die Bilanz fällt ernüchternd aus: Es gibt keine Hinweise darauf, dass überhaupt eine Totenmaske angefertigt wurde. Dieses Verfahren war in Mitteldeutschland noch gänzlich unüblich; Luthers Gefährten setzten stattdessen auf die bildende Kunst. Lucas Furtenagel schuf ein Porträt, das den friedlichen Tod des Reformators dokumentierte, und die Cranach-Werkstatt verbreitete dieses Bild – wie üblich – in großer

Stückzahl. Wozu dann noch eine Totenmaske, die man nicht öffentlich macht? Die Abformung der Hände in einer gewaltsam arrangierten Pose ergibt überdies keinen Sinn, wenn der Künstler nicht schon die Anfertigung einer Wachsfigur geplant hatte – solche Figuren aber waren 1546 in Deutschland noch völlig unbekannt und wären wohl auch als unangemessen empfunden worden. Und auch sonst: Eine Totenmaske wird nirgendwo erwähnt – weder bei Luthers Mitstreitern noch von den Grafen von Mansfeld, die Luther gerne in ihrer Grafschaft begraben und ein so bedeutendes Zeugnis sicher öffentlich ausgestellt hätten. Stattdessen herrschte für über 150 Jahre Schweigen, bis die erste Spekulation über die Maske Anfang des 18. Jahrhunderts auftauchte – schlechte Karten also für den Mythos.

Die wirklich interessanten Fragen bleiben allerdings offen: Wer war der Tote, der Lucas Schöne (oder einem Vorgänger) unfreiwillig Modell gestanden hatte? Warum formte der Künstler Gesicht und Hände mit einiger Mühe ab, wenn er sie auch frei hätte modellieren können? Fehlte ihm das Geschick? Sollte die Wachsfigur realistischer aussehen? Und warum kaufte die Marienbibliothek einen Luther, der den bekannten Luther-Porträts gar nicht ähnlich sieht?

Maske und Hände sind übrigens seit 2006 in der Marktkirche zu sehen – wenngleich nicht mehr in der ursprünglichen Form: Anstelle der Wachsfigur mit Talar, Barett, Buch und Schreibtisch finden Besucher heute eine museale Präsentation der Wachselemente vor, die bei aller Nüchternheit versucht, die andächtige Erinnerung an den verstorbenen Reformator zu ermöglichen. Die »rekonstruierte« Fassung der Totenmaske durch Hahne ist als Gipsabformung an verschiedenen Orten zu sehen, unter anderem in Luthers Sterbehaus in Eisleben (Seite 53–57).

Luthersocke
35-38
by Luthersocke

Here
I stand.
I can do
no other.

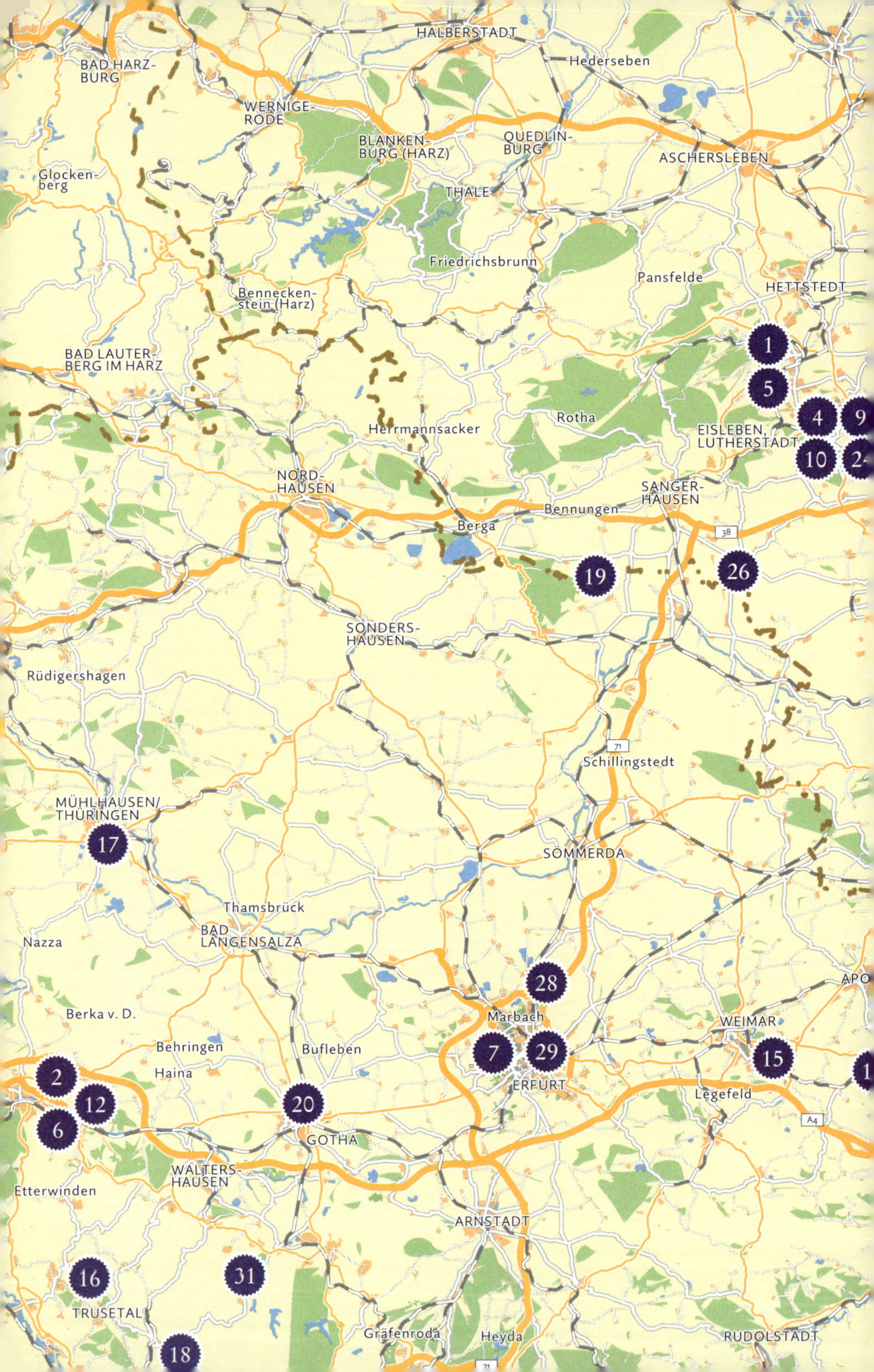
HALBERSTADT
Hederseben
BAD HARZ-BURG
WERNIGE-RODE
BLANKEN-BURG (HARZ)
QUEDLIN-BURG
ASCHERSLEBEN
Glocken-berg
THALE
Friedrichsbrunn
Pansfelde
HETTSTEDT
Bennecken-stein (Harz)
BAD LAUTER-BERG IM HARZ
1
5
4
9
Rotha
Herrmannsacker
EISLEBEN, LUTHERSTADT
10
NORD-HAUSEN
SANGER-HAUSEN
Bennungen
Berga
38
19
26
SONDERS-HAUSEN
Rüdigershagen
71
Schillingstedt
MÜHLHAUSEN/ THÜRINGEN
17
SÖMMERDA
Thamsbrück
Nazza
BAD LANGENSALZA
28
Berka v. D.
Marbach
WEIMAR
Behringen
Bufleben
7
29
15
Haina
ERFURT
Legefeld
2
12
20
6
GOTHA
A4
WALTERS-HAUSEN
Etterwinden
ARNSTADT
16
31
TRUSETAL
Gräfenroda
Heyda
RUDOLSTADT
18

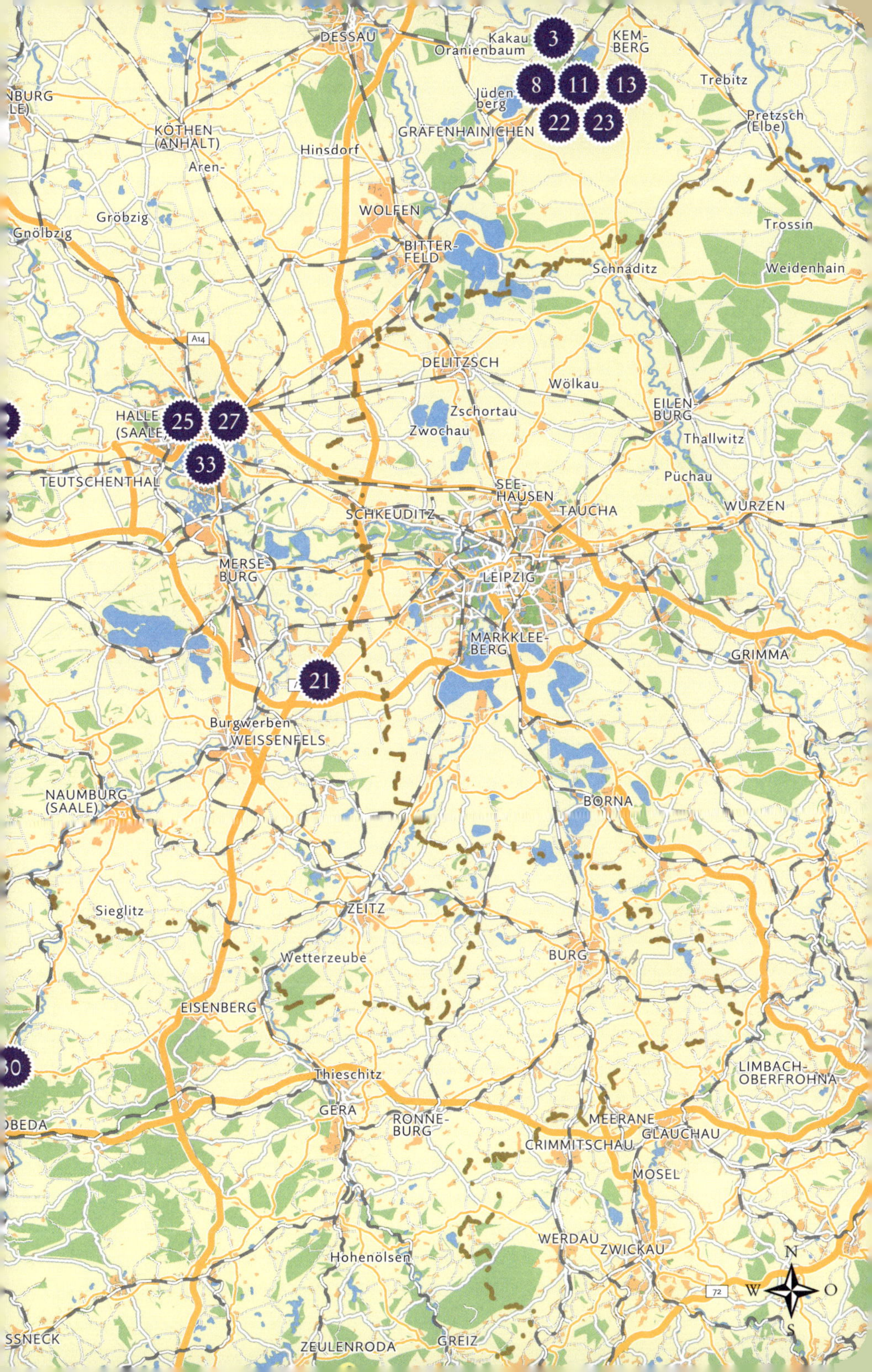
DESSAU
Kakau
Oranienbaum
KEM-
BERG
3
8
11
13
22
23
Jüden-
berg
Trebitz
Pretzsch
(Elbe)
GRÄFENHAINICHEN
KÖTHEN
(ANHALT)
Hinsdorf
Aren-
Gröbzig
Gnölbzig
WOLFEN
BITTER-
FELD
Trossin
Weidenhain
Schnaditz
A14
DELITZSCH
Wölkau
EILEN-
BURG
Zschortau
Zwochau
Thallwitz
HALLE
(SAALE)
25
27
33
TEUTSCHENTHAL
Püchau
SEE-
HAUSEN
TAUCHA
WURZEN
SCHKEUDITZ
MERSE-
BURG
LEIPZIG
MARKKLEE-
BERG
GRIMMA
21
Burgwerben
WEISSENFELS
NAUMBURG
(SAALE)
BORNA
Sieglitz
ZEITZ
Wetterzeube
BURG
EISENBERG
LIMBACH-
OBERFROHNA
Thieschitz
GERA
RONNE-
BURG
MEERANE
GLAUCHAU
CRIMMITSCHAU
MOSEL
WERDAU
ZWICKAU
Hohenölsen
72
N
W
O
S
ZEULENRODA
GREIZ

ORTS- UND PERSONENREGISTER

thierry ehrmann 8 – www.flickr.com/photos/home_of_chaos/9932877114; Konrad Weiss 12 – fotolia.com; kentauros 14 – fotolia.com; Harald Henkel 16 – www.flickr.com/photos/fkhuckel/6905626339; Robert Scarth 18 – www.flickr.com/photos/robert_scarth/241707740; Torsten Maue 20 – www.flickr.com/photos/erwinrommel/9494114077; Katja Xenikis 22 – fotolia.com; gravitat-OFF 24 – www.flickr.com/photos/92682792@N00/4538995604; Stiftung Lutherhaus Eisenach – 26, 27, 116; ArTo 28 – fotolia.com; Knut Diers / www.zentrum-taufe-eisleben.de 30; Romantikgeist 32 – www.flickr.com/photos/romantikgeist/10324355654; Hans Luther nach dem Gemälde Cranachs d. J. 1527, aus: Julius Köstlin: Luthers Leben, Leipzig 1882 (S. 8), Margaretha Luther nach dem Gemälde Cranachs d. J. 1527, aus: Julius Köstlin: Luthers Leben, Leipzig 1882 (S. 9) 34; Stiftung Lutherhaus Eisenach (Anna-Lena Thamm) 36; Stiftung Lutherhaus Eisenach (André Nestler) 38, 40, 58, 72, 120, 180; Jochen Birkenmeier 42, 178; Reiseland Thüringen 44 – www.flickr.com/photos/thueringentourismus/6549018421; ArTo 46 – fotolia.com; onnola 48 – www.flickr.com/photos/30845644@N04/14088039484; Luthers Frau nach einem Gemälde Cranachs d J. 1528 aus: Julius Köstlin: Luthers Leben, Leipzig 1882 (S. 391) 50; Andreas Thum 52 – commons.wikimedia.org/wiki/File:Luthers_Sterbehaus_Eisleben.jpg?uselang=de; nhermann 54 – fotolia.com; picnic.com 56; steschum 60 – fotolia.com; istock.de 62; gravitat-OFF 64 – www.flickr.com/photos/92682792@N00/5416954431; Charlotte Nordahl 66 – www.flickr.com/photos/charlottenordahl/459749740; augustustours 68 – www.flickr.com/photos/augustustours/9469813341; Fofarama 70 – www.flickr.com/photos/oheun/8056275072; Caitriana Nicholson 74 – www.flickr.com/photos/caitriana/9576321063; John S Y Lee 76 – www.flickr.com/photos/johnsylee/7920388896; onnola 78, 122, 124 – www.flickr.com/photos/30845644@N04/16417972664, www.flickr.com/photos/30845644@N04/16630960262/, www.flickr.com/photos/30845644@N04/16605662976; Michael Mertens 80 – www.flickr.com/photos/froutes/1249527505; Michael Mertens 82 – www.flickr.com/photos/froutes/1250392530; Tanzania 84 – commons.wikimedia.org/wiki/File:Cranach_altarpiece.jpg?uselang=de; Allie_Caulfield 86 – www.flickr.com/photos/wm_archiv/5399296902; Unknown 88 – commons.wikimedia.org/wiki/File:Lucas_Cranach_d.J._-_Kurf%C3%BCrst_Johann_Friedrich_der_Gro%C3%9Fm%C3%BCtige_von_Sachsen_%281578%29.jpg; Erica Guilane-Nachez 90 – fotolia.com; Luther als Junker Georg nach einem Cranach'schen Holzschnitt, aus: Julius Köstlin: Luthers Leben, Leipzig 1882 (S. 269) 92; Anna Lorenz 94 – www.flickr.com/photos/75739589@N02/6874580379; Zisska & Schauer 96 – https://commons.wikimedia.org/wiki/File:Pantheon_der_Deutschen_Luthers_Entf%C3%BChrung.jpg; Michael Sander 98 – commons.wikimedia.org/wiki/File:Marienkirche_M%C3%BChlhausen_total.jpg?uselang=de; Steffen 100 – www.flickr.com/photos/photofox/4019261355; Lucas Friese 102 – commons.wikimedia.org/wiki/File:Lutherhaus_Schmalkalden.jpg?uselang=de; Nairem 104 – commons.wikimedia.org/wiki/File:Schmalkalden-1647-Merian.jpg?uselang=de; michimaya 106 – www.flickr.com/photos/michimaya/15343276340; © Panorama Museum, Bad Frankenhausen 108; Isthmus 110 – commons.wikimedia.org/wiki/File:Suehnekreuz_Schlachtberg.jpg?uselang=de; Infinite Ache 112 – www.flickr.com/photos/infiniteache/4879455988; Torsten Maue 114 – www.flickr.com/photos/erwinrommel/14825277355; https://upload.wikimedia.org/wikipedia/commons/7/77/Asselijn_-_Gustavus_Adolphus_in_der_Schlacht_von_L%C3%BCtzen.jpg?uselang=de 116; Hannes R 118 – www.flickr.com/photos/malter/4081441170; ctrlw 126 – www.flickr.com/photos/ctrlw/245508275; 1970gemini 128 – commons.wikimedia.org/wiki/Lucas_Cranach_der_%C3%84ltere#/media/File:Lucas_Cranach_d._%C3%84._063.jpg;JohnMenard130–www.flickr.com/photos/jmenard48/15297640735; denis.guenther 132, 134 – www.flickr.com/photos/denisguenther/9201138621/, www.flickr.com/photos/denisguenther/9203923632; DerHallenser 136 – commons.wikimedia.org/wiki/File:Dom_zu_Halle_2013.jpg?uselang=de; OmiTs 138 – commons.wikimedia.org/wiki/File:Neue_Residenz_Halle.jpg?uselang=de; migueloks 140 – www.flickr.com/photos/migueloks/3535543987; Sludge G 142 – www.flickr.com/photos/sludgeulper/5247183891; Christian Pogoda 144, 146, 148 – www.flickr.com/photos/der_pog/8171508214/, www.flickr.com/photos/der_pog/6846309716/, www.flickr.com/photos/der_pog/6846310638; Unknown 150 – www.flickr.com/search/?text=gewitter; Michael Sander 152 – commons.wikimedia.org/wiki/File:Dorfkirche_Stotternheim.JPG; Sebastian Wallroth 154 – commons.wikimedia.org/wiki/File:Lutherstein_Stotternheim_007.JPG; CTHOE 156, 158 – commons.wikimedia.org/wiki/File:Erfurt-Georgenburse-4.JPG?uselang=de, commons.wikimedia.org/wiki/File:Erfurt-Georgenburse-3.JPG?uselang=de; https://commons.wikimedia.org/wiki/Albrecht_D%C3%BCrer#/media/File:Knight-Death-and-the-Devil.jpg 160; commons.wikimedia.org/wiki/Jena#/media/File:Jena_By_Night.jpg 162; Thuringius 164 – commons.wikimedia.org/wiki/File:Apfelstaedt_spring_germany.JPG; Michael Panse 166 – www.flickr.com/photos/michael-panse-mdl/7142249269; Jwaller 168, 170 – commons.wikimedia.org/wiki/File:Unterri%C3%9FdorfNonnental.JPG, commons.wikimedia.org/wiki/File:Unterri%C3%9FdorfKaltestelle.JPG; Dguendel 172 – commons.wikimedia.org/wiki/File:Unterri%C3%9Fdorf_%28Lutherstadt_Eisleben%29,_the_street_%22Lutherweg%22.jpg; Oleg Brovko 174 – www.flickr.com/photos/belboo/8324638069; augustustours 176 – www.flickr.com/photos/augustustours/9517765526

REGINE KÖLPIN
Wer mordet schon
an der Mecklenburger Bucht?

978-3-8392-1864-8 (Paperback)
978-3-8392-4985-7 (pdf)
978-3-8392-4984-0 (epub)

»Lassen Sie sich auf die mörderischen Spuren Regine Kölpins ein und erkunden Sie die Gegend auf eine ganz andere Art und Weise.«

Eine mörderische Reise entlang der Mecklenburger Küste vom Ostseebad Boltenhagen bis zum Darß. Ein ungewöhnlicher Freizeitführer mit Humor, Spannung und so manchem interessanten Ort. Lassen Sie sich von den 11 Kurzkrimis in 11 Orten mit 125 Ausflugstipps überraschen. Begeben Sie sich nach der Lektüre auf mörderische Spurensuche und folgen Sie den Protagonisten auf ihrer tödlichen Spur an Strand, Meer und Bodden.

Mit Stadtporträts die Heimat neu entdecken!

Was macht eine Stadt aus? Die Architektur? Die Sehenswürdigkeiten? Nein, es sind die Menschen, die einer Stadt ihr Gesicht verleihen und sie zu dem machen, was sie ist. Unsere Stadtgespräche stellen diese Menschen und ihre Geschichten in Bild und Wort vor. Originale und Prominente erzählen ebenso wie Leute von nebenan Anekdoten, Kurioses und Überraschendes aus ihrer Heimat. Aus den vielen persönlichen Mosaiksteinchen entsteht ein einzigartiges Porträt der Stadt – bunt, lebendig und menschlich.